彭林 嚴佐之 主編

方苞全集

第十三册 附録

復旦大學出版社

附録

成棣 編

整理説明

本附録旨在盡可能全面收集關於方苞及其著作的資料，供讀者參考。

本附録依文體爲據，分年譜、碑銘、祭文、傳記、序跋、提要、論考、文目編年、著録九類。各類文字，均以作者生活年代爲序。

清中期以來，涉及方苞之文字甚夥，本附録主要收録針對方苞其人其文作出集中介紹和評論的整篇、整段文字；遇有文中某處集中談論方苞、而上下文無關者，則予以節選，並於篇題下説明。

本附録中收録事記四則，於了解方氏生平，特别是他在戴名世案中的狀態，不無助益；然篇幅短小，只得附於傳記類下。

關於方苞的評價，歷來褒貶不一。本附録論考類所收内容，時間上以二十世紀二十年代爲下限，以期全面反映方苞在後世的形象變遷。

本附録中諸文所據版本，於卷首「徵引文獻目録」中加以説明。文中凡顯係訛誤者則徑改；如有可疑，則於文中注明。

由於本人學識所限，書中註誤在所難免，尚祈讀者不吝指正！

成棣

二〇一八年二月

徵引文獻目録

包世臣　藝舟雙楫　清道光安吴四種本
陳澧　東塾集　清光緒十八年菊坡精舍刻本
陳衍　石遺室文集　清刻本
程晉芳　勉行堂文集　清嘉慶二十五年冀蘭泰吴鳴捷刻本
戴望　顔氏學記　清同治治城山館刻本
丁仁　八千卷樓書目　民國本
段玉裁　戴東原先生年譜　經韻樓本
方東樹　考槃集文録　清光緒二十年刻本
方濬師　蕉軒隨録　清同治十一年刻本
方濬師　蕉軒續録　清光緒刻本
方宗誠　柏堂師友言行記　民國十五年京華印書局本
何紹基　重修安徽通志　清光緒四年刻本

賀長齡　耐菴詩文存　清咸豐十年刻本
黄達　一樓集　清乾隆刻本
紀昀等　四庫全書總目　北京　中華書局　一九六五年
李慈銘　越縵堂讀書記　上海　上海書店出版社　二〇〇〇年
李塨　恕谷後集　清雍正刻增修本
李桓　國朝耆獻類徵初編　清光緒刻本
李元度　國朝先正事略　清同治刻本
李元度　國朝先正事略補編　清光緒十一年敦懷書屋刻本
李元度　天岳山館文鈔　清光緒六年刻本
梁啓超　中國近三百年學術史　北京　商務印書館　二〇一一年
劉大櫆　海峰文集　清刻本
劉季高校點　方苞集　上海　上海古籍出版社　二〇〇八年
劉開　劉孟塗集　清道光六年姚氏檗山草堂刻本
盧文弨　抱經堂文集　清乾隆六十年刻本
陸繼輅　崇百藥齋文集　清嘉慶二十五年刻本

陸以湉　冷盧雜識　清咸豐六年刻本
馬其昶　桐城耆舊傳　清宣統三年刻本
彭紹升　二林居集　清嘉慶味初堂刻本
錢大昕　潛研堂集　上海　上海古籍出版社　一九八九年
錢林　文獻徵存録　清咸豐八年有嘉樹軒刻本
錢儀吉　碑傳集　清道光刻本
錢仲聯主編　歷代别集序跋綜録　南京　江蘇教育出版社　二〇〇五年
邵懿辰　半巖廬遺集遺文　清光緒三十四年邵章刻本
盛大士　藴愫閣文集　清道光六年刻本
蘇惇元　望溪先生年譜　清咸豐刻本
唐鑒　學案小識　清道光二十六年四砭齋刻本
汪師韓　上湖詩文編　清光緒十二年汪氏刻叢睦汪氏遺書本
王應奎　柳南隨筆　清借月山房彙鈔本
王鍾翰　清史列傳　北京　中華書局　一九八七年
翁方綱　復初齋文集　清李彦章校刻本

吴敏樹　柈湖文集　清光緒十九年思賢講舍刻本
吴汝綸　桐城吴先生詩文集　清光緒刻桐城吴先生全書本
蕭穆　敬孚類稿　清光緒三十三年刻本
徐世昌　清儒學案　北京　中華書局　二〇〇八年
徐天祥、陳蕾點校　方望溪遺集　合肥　黄山書社　二〇一四年
盧坡點校　惜抱軒尺牘　合肥　安徽大學出版社　二〇一四年
姚瑩　東溟文後集　清中復堂全集本
惲敬　大雲山房文稿　四部叢刊影印清同治本
曾國藩　曾文正公詩文集　四部叢刊影印清同治本
曾國藩　求闕齋讀書録　清光緒二年傳忠書局刻本
曾釗　面城樓集鈔　清光緒十二年刻學海堂叢刻本
章學誠　文史通義　民國嘉業堂章氏遺書本
張伯行　正誼堂文集　清乾隆刻本
張舜徽　清人文集别録　北京　中華書局　一九六三年
張維屏　國朝詩人徵略　清道光二十二年刻本

趙爾巽等　清史稿　北京　中華書局　一九九八年
趙懷玉　亦有生齋集　清道光元年刻本
中國科學院圖書館整理　續修四庫全書總目提要（稿本）　濟南　齊魯書社　一九九六年
周中孚　鄭堂讀書記　民國吴興叢書本
朱維錚、李妙根編　劉師培辛亥前文選　北京　三聯書店　一九九八年
朱維錚點校　章太炎全集·訄書（重訂本）　上海　上海人民出版社　二〇一四年
朱鑄禹校注　全祖望集彙校集注　上海　上海古籍出版社　二〇〇〇年
新青年　一九一七年　第二卷第六期

目録

提要……（一五四）

論考

著録……（一二三七）

年譜

望溪先生年譜

蘇惇元

康熙七年戊申夏四月十五日，先生生於六合之留稼邨。

先生姓方氏，諱苞，字鳳九，一字靈皋，老年自號望溪，學者稱望溪先生。江南安慶府桐城縣人。見本集及方氏家譜、桐城志、上元志。始祖號德益，於宋元之際由休寧遷桐城縣市鳳儀坊。德益生秀實，爲元彰德主簿。秀實生謙，爲元望亭巡檢。謙生圓，爲元宣使。圓生法，明建文元年舉於鄉，爲四川都司斷事。永樂初，不具賀表，被逮，行至望江，自沈於江，事載明史。法生懋。懋生瓘，成化元年舉於鄉。瓘生圭，圭生絅，國子監生。絅生夢暘，爲南安縣丞。夢暘生學尹，縣學生。學尹生大美。見家譜。大美字黄中，號沖含，萬曆十四年進士，官至太僕寺少卿，是爲先生高祖。見桐城志及家譜。曾祖諱象乾，字廣野，號聞庵，明恩貢生，官按察司副使，備兵嶺西左江。明季避寇亂，僑居江寧府上元縣由正街，後移居土街。見桐城志及本集家譜。祖諱幟，字漢樹，號馬溪，歲貢生。有文名，官蕪湖縣學訓導，遷興化縣學教諭。見桐城志及家譜。父仲舒，字南董，號逸巢，國子監生。好讀書，胸無畦畛。與黄岡杜于皇濬、杜蒼略岕，同里錢飲光澄之、族祖盉山文諸先生唱和，所作詩三千餘首，以遺逸名。見桐城志及本集沈廷芳所撰傳、家譜。前母姚氏。母吴氏，紹興府同知諱勉之女。吴公莆田人，寓居六合留稼邨，逸巢公贅焉。見同知紹興府事吴公墓表。兄舟，字百川，長先生三歲，寄上元縣籍庠貢生。性孝友，好學，以制舉文名天下。又善古文，而自以爲不足，疾革時，自焚其稿。早世，年三十七。後崇祀鄉賢祠。見兄百川墓誌及四君子傳、刻兄百川遺文書後、縣志、家譜。弟林，字椒塗，亦孝友好學，善時文。早夭，年二十一。見弟椒塗墓誌及家譜。

十年辛亥，先生年四歲。

父嘗雞鳴起，值大霧，以「雞聲隔霧」命對。先生即應曰：「龍氣成雲。」見雷鋐所撰行狀及沈傳。

十一年壬子，先生年五歲。

父口授經文章句。見台拱岡墓碣。

十二年癸丑，先生年六歲。

隨父自六合歸上元。見吴處士妻傅氏墓表。

十三年甲寅，先生年七歲。

祖有舊板史記，父固藏篋中。兄百川時年十歲，百川偕先生俟父出，輒啓篋而潛觀之。

故先生所得於史記者，多百川發其端緒云。見從弟辛元評書史記十表後。

十六年丁巳，先生年十歲。

從兄百川讀經書、古文。家貧甚，冬無絮衣，旬月中屢不再食，益厲學。其後兄爲講經書注疏、大全，擇其是，辨其疑，相與博究經、史、百氏之書，更相勖以孝弟。見先母行略、兄百川墓誌、與呂宗華書及雷狀、沈傳。

始作時文，前輩一見輒異之。見杜蒼略評讀孟子。

十七年戊午，先生年十一歲。

兄百川往蕪湖，侍大父學署。太公課先生及弟椒塗誦讀甚嚴。先生嘗曰：「五歲吾父課章句，稍長治經書、古文，吾父口授指畫焉。」見台拱岡墓碣及百川墓誌。先生未成童，易、詩、書、禮記、左傳皆已能倍誦。見程崟儀禮析疑序。

二十二年癸亥，先生年十六歲。

隨兄百川求友閭巷間，交同里劉古塘捷。見劉古塘墓誌。

二十五年丙寅，先生年十九歲。

交高淳張彝歎自超。見四君子傳序。

太公歸安慶應試，交宿松朱字緑書、同里劉北固輝祖。見朱字緑墓表及四君子傳。過樅陽，宿草舍。晨光始通，錢飲光先生扶杖叩門而入。太公驚問，錢先生曰：「聞君有二子，皆吾輩人，欲一視所祈嚮，恐交臂而失之。」太公呼先生出拜，錢先生答拜，太公跪而相支拄，爲不寧者久之。見田間先生墓表。先生嘗曰：「苞童時侍先君子，與錢、杜諸先生以詩相唱和，慕其鏗鏘，欲竊效焉。先君子戒曰：『毋以爲也！是雖小道，非盡心以終世，不能企其成，而耗少壯有用之心力，非躬自薄乎！』苞用是遂絶意於詩。」見鷹青山人詩序。

二十六年丁卯，先生年二十歲。

循覽五經注疏、大全，以諸色筆別之，用功少者亦三四周。其後崑山刻通志堂宋元經解出，先生句節字劃，凡三次芟薙，取其粹言而會通之，二十餘年始畢。唐、宋以來詁經之書，未有聞而不求、得而不觀者。偶舉一節，前儒訓釋，一一了然於心，然後究極經文所以云之意，而以義理折中焉。年三十以前，有讀尚書偶筆、讀易偶筆、朱子詩義補正。見與吕宗華書及程崟所撰儀禮析疑序。

秋七月，丁大父憂。

二十八年己巳，先生年二十二歲。

夏四月，歲試第一。補桐城縣學弟子員，受知於學使宛平高公素侯。諱裔。七月，公招入使院。先生素不好作時文，後此皆高公敦率之。見書高素侯先生手札後及姚薑塢筆記。

二十九年庚午，先生年二十三歲。

春三月四日，弟椒塗卒。

秋，應鄉試。房考將樂廖公蓮山、諱騰煃。新鄉暢公素庵諱泰兆。得先生文，大異之，交論力薦，不售。見給事中暢公墓表。

冬十一月，娶夫人蔡氏。先是，先生以弟椒塗卒，服未終，不娶妻；父母趣之，始娶。禮齊衰期，三月不御内。時七閱月，計已過時，先生猶不忍成婚入室，而異寢者旬餘。族姻大駭，物議紛然。先生乃勉成婚，畢生恨之。見與兄子道希兄弟書。

三十年辛未，先生年二十四歲。

作讀孟子文。杜蒼略先生見之，評曰：「前儒所未發，却婦人小子所共知。方郎十歲初爲時文，先兄即勸以何不舍此而發憤著書，不意十五年後所造至此。」見本集。

秋，從高公素侯如京師，館於高公所。見書高素侯先生手札後。

交宛平王崑繩源、無錫劉言潔齊、青陽徐詒孫念祖。見四君子傳。

遊太學，安溪李文貞公諱光地。見先生文，歎曰：「韓、歐復出，北宋後無此作也。」長洲韓文懿公諱菼。以文名海内，見先生文，至欲自毁其稿。評先生文曰：「廬陵無此深厚，南豐無此雄直，豈非昌黎後一人乎！」當是時，巨公貴人方以收召後學爲務，天下士集京師，投謁無虚日。公卿争相汲引，先生非先焉不往，於是益見重諸公間。見沈傳及韓公評語、家譜。一意爲經學。先生入都，萬季野先生名斯同。獨降齒德與之交。季野告之曰：「子於古文，信有得矣，然願子勿溺也！唐、宋號爲文家者八人，其於道粗有明者，韓愈氏而止耳。其餘則資學者以愛玩而已，於世非果有益也。」先生於是輟古文之學，一意求經義焉。見萬季野墓表。始讀宋儒書。先生嘗與劉拙修書曰：「僕少所交，多楚、越遺民，重文藻，喜事功，視宋儒爲腐爛；用此，年二十目未嘗涉宋儒書。及至京師，交言潔與吾兄，勸以講索，始寓目，乃深嗜而力探焉。二十年來，於先儒解經之書，自元以前，所見者十七八，然後知生乎宋五子之前者，其窮理之學，未有如五子者也。生乎五子之後者，推其緒而廣之，乃稍有得焉。其背而馳者，皆妄鑿牆垣而殖蓬蒿，乃學之蠹也。」見本集。

三十一年壬申，先生年二十五歲。

作高素侯先生壽序，舉蘇老泉上富鄭公書爲壽，懼公循致高位，而碌碌無所成。高公揭先生文於壁，觀者皆駭，多相戲曰：「碌碌無成，至爲門生姗笑。」先生請撤之，公曰：「吾正欲使諸公一聞天下之正議也。」見壽序及書高公手札後。

姜西溟先生名宸英。見先生文，乃曰：「此人吾輩當讓之出一頭地者也。」見全紹衣祖望所撰神道碑及姜與王崑繩書。先生與姜西溟、王崑繩論行身祈嚮，先生曰：「學行繼程、朱之後，文章在韓、歐之間。」見王兆符所撰文集序。

三十二年癸酉，先生年二十六歲。

授經涿州。見書歲寒章四義後。

秋，應順天鄉試，不售。見送吴東巖序。

三十三年甲戌，先生年二十七歲。

授經涿州。見與劉言潔書。

三十四年乙亥，先生年二十八歲。

館涿州滕氏，疾屢阽危。見教忠祠祭田條目序。

復至京師。見陳馭虚墓表。

三十五年丙子，先生年二十九歲。

居京師，館於汪氏。王兆符來從學。見查詹事墓表及王生墓誌。

交同里左未生待。未生乃忠毅公之孫也。見左未生墓誌。

作讀周官文。姜西溟見之，評曰：「余近四十，始遊諸經之樊。方子未三十，而所學造此，讀之眼明心開，已而汗下。」見本集。

秋，試順天，報罷，擬不復應舉。見高素侯大理手札。

冬，南歸。見吴處士妻墓表。

三十六年丁丑，先生年三十歲。

授經寶應喬氏。見喬紫淵詩序。

三十七年戊寅，先生年三十一歲。

館寶應。

冬，學使滏陽張公樸園諱榕端。招至使院。見贈魏方甸序。

高公素侯以書督應鄉試。見書高素侯先生手札後。

三十八年己卯，先生年三十二歲。

舉江南鄉試第一。主考爲韓城張公景峰、諱廷樞。太原姜公崑麓。諱橚。房考爲□□宗公□□。見張公逸事及吏部侍郎姜公墓表。

三十九年庚辰，先生年三十三歲。

春正月，如京師，試禮部，不第。夏四月，南歸。見兄百川墓誌。

秋七月，兄百川自安慶歸，疾遂篤。見兄百川墓誌。

四十年辛巳，先生年三十四歲。

冬十月二十一日，兄百川卒。百川疾逾年，先生常雞鳴時起，視治藥物以進。見妻蔡氏哀辭。及兄卒，執喪過禮，過期猶不復寢。父曰：「親親有殺，與父在爲母無別矣。」先生自是殫心於所以制禮之義，有得則以教諸子。見兄子道希喪禮或問跋。

四十一年壬午，先生年三十五歲。

春正月二十日，長子道章生，側室楊氏出。見家譜。

三月，葬兄百川、弟椒塗，各爲墓誌銘。其後以陰流入壙，起攢。見兄百川墓誌。

四十二年癸未，先生年三十六歲。

春，至京師，再試禮部，不第。交蠡縣李剛主塨，聚王崑繩寓，與剛主論格物。見李剛主恕谷後集。

四十三年甲申，先生年三十七歲。

秋七月，移居由正街故宅之將園。先是，副使公遷上元，始居於此。其後定居土街，宅出質，園無主，遂盡毁。先生因太公年老，不能出遊，乃謀復是宅，至是入居。修葺浚築，有高樹清池蔬圃，太公日召故人歡飲其間。太公殁後，又構堂室，奉太夫人居之。每飯後，先生扶太夫人循廡觀僕婢蒔花灌畦，或立池上觀月出，而名之曰將園，取詩人「將父將母」之義也。見將園記。

四十五年丙戌，先生年三十九歲。

春，至京師，遇李剛主於八里莊，再論格物不合。見恕谷後集。

應禮部試，成進士第四名。總裁爲大興李公山公、諱録予。溧陽彭公竹如，諱會淇。房考爲江都顧公書宣。諱圖河。屆殿試，朝論翕然，推爲第一人，而先生聞母疾遽歸，李文貞公馳使留之不得。見雷狀、沈傳、家譜。

過揚州，有鹽商吴某求定明歲教其子，以百金爲贄。及抵江南，總督、藩、臬公延先生主講義學，先生乃返吴贄。吴曰：「非先生辭我，勢不能也。贄者，見也。已見何返？」先生不可，三往返，卒還之。見恕谷後集。

秋七月三日，夫人蔡氏卒。作哀詞。見本集。夫人殁後，薦紳慕先生名，競聯姻。相國熊文端公諱賜履。欲妻以女，先生謝之。又有鄭總兵，家巨富，欲妻之女，願以萬金助妝奩，使可贍九族三黨之餽問者。先生峻辭之。熊尚書一瀟，其子本爲先生同年進士，密謂先生曰：「鄙人有妹，家君願使侍箕帚。」先生曰：「盛意感甚！惟苞家法，亡妻偕娣姒日夙興，精五飯酒漿，奉卮匜二親左右。令妹能乎？」本咋舌無以應。見恕谷後集。

四十六年丁亥，先生年四十歲。

歸桐城省墓。見己亥四月示道希兄弟。秋□月，繼室徐氏夫人歸。夫人上元人，内閣中書時敏之女。見家譜。

冬十月四日，父卒。先生以母老疾，酌禮經，築室宅之西偏以奉事焉，而不入中門。見劉古塘所撰喪禮或問序。

四十七年戊子，先生年四十一歲。

冬，歸桐城省墓，便入龍眠山。見左仁傳及書公祭先母文後。

四十八年己丑，先生年四十二歲。

歸桐城省墓，便至浮山。見再至浮山記。

五十年辛卯，先生年四十四歲。

是年以後，潛心三禮，因以貫徹諸經。見王兆符評語。

冬十一月，以南山集牽連，赴詔獄。是時，左都御史趙公申喬劾編修戴名世所著南山集語多狂悖，先生以集序列名，牽連被逮，下江寧縣獄；旋解至京師，下刑部獄。其序文實非先生作也。見本傳及結感録、恕谷後集。

五十一年壬辰，先生年四十五歲。

在獄中切究陳氏禮記集説，著禮記析疑。其序曰：略，見本集。

方爰書上時，同繫者皆惶懼，先生閲禮經自若。同繫者厭之，投其書於地曰：「命在須與矣！」先生曰：「朝聞道，夕死可也。」見沈傳及顧用方所撰周官辨序。金壇王若霖澍間日入獄視先生，解衣般礴，諮經諏史，旁若無人。同繫者或諷曰：「君縱忘此地爲圜土，身負死刑，奈旁觀姍笑何？」見送王若霖南歸序。著喪禮或問。其後劉古塘爲之序，稱其於先王制禮之意，有灼知曲盡，而非傳、注所能及者，撥人心昏蔽而起其善端，莫近於是書。初，先生居喪準禮，里中戚友有感而相仿傚者。古塘刊是書示朋友生徒，而江介服行者又漸多也。見古塘序及兄子道希跋。

五十二年癸巳，先生年四十六歲。

春二月獄決。先生蒙恩寬宥，免治出獄，隸籍漢軍。先是，獄具，論死。聖祖矜疑，李文貞公亦力救之，獄詞五上五折本，至是章始下。聖祖素知先生文學，三月二十三日，硃書：「戴名世案内方苞，學問天下莫不聞。下武英殿總管和素。」翼日，召入南書房，命撰湖南洞苗歸化碑文；越日，命著黄鍾爲萬事根本論；越日，命作時和年豐慶祝賦。每奏進，聖祖輒嘉賞再三，曰：「此即翰林中老輩兼旬就之，不能過也。」命以白衣入直南書房。見本傳、沈傳、兩朝聖恩恭紀。

遣人迎母至京寓侍養。見留保所撰名臣言行録。

秋八月，移直蒙養齋，編校樂、律、曆、算諸書。先生與渾渚徐公蝶園諱元夢。承修樂律。

聖祖命與諸皇子遊，自誠親王以下，皆呼之曰先生。時誠親王爲監修，王性嚴，承事者多獲訶責。先生侃侃不阿，遇事持正争執，王敬之，乃延爲王子師。先生置王子座東向，己南面坐，始就講。見本傳、雷狀、沈傳、全碑及兵部尚書法公墓表。先生雖不與朝政，而密勿機務多得聞之。是時李文貞公在閣，徐公蝶園尋以總憲兼院長，皆傾倒於先生。先生時時以所見敷陳：某事當行，某事當去，其説多見施行。先生苦口直言，不自知其數；雖不能盡從，而二公能容之。欲薦先生，則辭曰：「某本罪臣，不死已爲非望，公休矣！但有所見，必爲公言之，倘得行，則拜賜多矣。」見全碑。

周官辨成。先生在館中，徐公蝶園及混同顧公用方諱琮。時就問周官疑義，先生詳爲辨析。遇館中後生，則爲講喪服，聞而持行者數人。顧公與河間王振聲謂：「筆之書，然後可久存。」先生乃出其在獄所作喪禮或問，又爲周官辨，浹月而成。見顧用方所撰周官辨序。其自序曰：略，見本集。

五十四年乙未，先生年四十八歲。

春，删定容城孫徵君年譜，書成，序之；尋作徵君傳。

冬十二月九日，母卒。先是，疾篤，聖祖加恩，賜醫診視。見示道希兄弟。

五十五年丙申，先生年四十九歲。

冬，春秋通論成。先生自癸巳後，供事書局，公事之暇，輒致力於春秋、周官，前後幾三十年。見程崟撰儀禮析疑序。先生在書局，徐公蝶園日請先生講春秋疑義，每舉一事，先生必數全經，比類以析其義。顧公用方與二三君子謂：「非筆之於書，則口所傳能幾？且所傳者遂能一一不失其指意乎？」屢敦促，始成此書。其自序曰：略，見本集。徐公每語人曰：「自程、朱而後，未見此等經訓，他日必列於學官。」見顧用方撰本書序。

五十六年丁酉，先生年五十歲。

秋，作四君子傳。其序略曰：略，見本集。

春秋直解成。其序曰：略，見本集。

五十七年戊戌，先生年五十一歲。

春二月，命兄子道希、道永權葬父逸巢公、母吴夫人於上元南都石𥕑之台拱岡〔二〕。見台拱岡墓碣。

命長子道章就學於李剛主。見李伯子哀詞。

〔二〕劉季高先生指出，據台拱岡墓碣，「南都」應作「南鄙」。見劉季高校點：方苞集，第八七七頁。

五十八年己亥，先生年五十二歲。

夏四月，遇疾自危，作書示兄子道希字師范。兄弟：定祭禮，擬置祭田，定教家之法。見教患祠祭田條目序。

五十九年庚子，先生年五十三歲。

冬十一月，周官集注成。其序曰：略，見本集。

十二月二日，幼子道興生，側室楊氏出。見家譜。

六十年辛丑，先生年五十四歲。

周官析疑成。其序曰：略，見本集。

冬十一月，聞李剛主長子習仁夭，乃作書與之。其略曰：略，見本集。初，先生與王崑繩論學，崑繩不信程、朱，盡發其失，且曰：「使百世以下聰明傑魁之士，沈溺於無用之學而不返，是即程、朱之罪也。」先生曰：「子毋視程、朱爲氣息奄奄人。觀朱子上孝宗書，雖晚明楊、左之直節，無以過也。其備荒浙東，安撫荆湖，西漢趙、張之吏治，無以過也。而世不以此稱者，以道德崇閎，稱此轉渺乎其小耳。」崑繩聞先生言，終其身口未嘗非程、朱。其後先生出刑部獄，剛主來唁，先生以語崑繩者語之。剛主立起自責，取不滿程、朱語載經説中已鐫板者，削之過半。先生因舉顏習齋存治、存學二編未愜心者告之，剛主隨即爲更定。至是，先生復作此書與之。見李剛主墓誌。

六十一年壬寅，先生年五十五歲。

夏四月，扈蹕熱河。六月，奉命回京，充武英殿修書總裁。見兩朝聖恩恭紀及本傳。

雍正元年癸卯，先生年五十六歲。

以世宗嗣位，覃恩赦歸原籍。見本傳。先是滇遊紀聞案，先生近支族人皆隸漢軍，至是肆赦。上曰：「朕以方苞故，赦其合族，苞功德不細。」先生聞命，驚怖感泣，涕泗交頤。見本傳、雷狀、沈傳。

秋八月，宛平門人王兆符爲叙次文集。見集序。高安朱文端公諱軾。來定交，志同道合，無與比者。見叙交。

二年甲辰，先生年五十七歲。

春二月，請假歸葬親，蒙恩給假一年。五月十三日，抵上元。越翼日展墓。初歸，以卜兆未定，不即私室，寓居北山僧舍中，葬畢乃返。見台拱岡墓碣、清涼寺記、沈傳。

六月丁酉，視台拱岡父母墓穴，負土定封。見台拱岡墓碣。

七月，作台拱岡墓碣。

八月，歸桐城，奉大父柩至上元，且省在桐各先墓；便過浮山，時左未生已故，弔其子秀起。見再至浮山記。

作書示道希兄弟，訓教家法。作大父馬溪府君墓誌。

三年乙巳，先生年五十八歲。

春三月二十四日，還京。召見，上憐弱足，命二内侍扶翼至養心殿；顧視訓慰者久之，有「先帝持法，朕原情。汝老學，當知此義」之諭，并賜茶芽二器。見聖諭恭紀及本傳。命仍充武英殿總裁。尋欲用爲司業，先生以老病力辭。見全碑。

六年戊申，先生年六十一歲。

冬，仁和沈廷芳來受業。先生曰：「師所以傳道授業解惑。生欲登吾門，當以治經爲務。」廷芳謹受教。先生以所著喪禮或問授之，曰：「喪、祭二禮，事親根本，世罕習者。生其研於斯。」見沈廷芳所撰先生傳書後。

七年己酉，先生年六十二歲。

夏四月，作書示兄子道希：「葬兄百川，必遵遺命，與弟椒塗同丘。」道希得札從命，葬於蔣甸；大父司諭公居中，百川、椒塗同封居右，嫂張氏及夫人蔡氏同封居左。見示道希書並跋。其後復以陰流入壙，俱遷葬。見熊偕呂余東木時文序。司諭公遷葬江寧縣石潭菖蒲山。見家譜。

八年庚戌，先生年六十三歲。

是年，議開博學鴻辭科。尋詔三品以上諸臣各舉學與行兼者。諸公問先生以所舉，先生以執友南昌龔孝水纓、歙縣佘西麓華瑞、遊好之久者嘉善柯南陔煜、淳安方文輈楘如四人應之。見送佘西麓序。

安溪官獻瑶來受業。見官獻瑶所撰讀經史文序。

寧化雷鋐見先生於漳浦蔡文勤公諱世遠。之齋，文勤即命受業於先生。先生固辭，而答以儕輩之稱者，三四年後，始受而不辭。見送雷惕廬歸閩序。

秋，疾作，命諸子曰：「如我歿，斂時須袒右臂。昔余弟椒塗疾革時，余因異疾，醫者令出避野寺。弟卒，弗獲視含斂，心常悔之，以此自罰也。」見七思注及沈傳。

九年辛亥，先生年六十四歲。

授詹事府左春坊左中允。見本傳。

與常熟蔣文肅、諱廷錫。桐城張文和諱廷玉。兩相國論征澤望事宜書。

十年壬子，先生年六十五歲。

與西林鄂文端、諱爾泰。桐城張文和兩相國書，論制準噶爾澤望事宜，凡十二條。西師征討多年，至是復猖獗。先生之意，欲爲嚴軍屯守，撫士蓄力，以待可勝之虜；勿爲輕舉深入，以邀難必之功。厥後鄂公奉命馳往軍前，傳諭大將軍，旋於十二月奏請邊地屯田事宜五條，其間多採先生之論，奉詔從之。見文集及東華録、惜抱軒集。

夏五月，遷翰林院侍講。見本傳。

秋七月，遷翰林院侍講學士。見本傳。

九月，長子道章舉順天鄉試。見家譜及桐城志。

冬十二月，興縣孫文定公諱嘉淦。以刑部侍郎爲順天府尹兼祭酒，勁挺不爲親王所喜。有自朱邸來，屬先生急奏劾之，當即以代孫公。先生拒不可，其人以禍怵之，先生以死力辭。不日，竟有劾孫公婁贓，孫公下獄。先生謂鄂文端公曰：「孫侍郎以非罪死，公復何顔坐中書！」於是鄂公以百口保之，孫公遂得免。見全碑及雷鋐鄂公逸事。

十一年癸丑，先生年六十六歲。

春三月，奉果親王教，約選兩漢及唐、宋八家古文，刊授成均諸生。其後於乾隆初詔頒各學官。見本書并學政全書。

夏四月，擢内閣學士兼禮部侍郎，先生以足疾辭。命仍專司書局，不必辦理内閣事務，有大議，即家上之。先生不能隨班趨直，俱荷矜容。先生感激流涕，以爲不世之恩，當思所以不世之報，然自是益不諧於衆矣。見本傳、全碑及謝授禮部侍郎劄子。

六月，教習庶吉士。見本傳。

秋八月，充一統志館總裁。見本傳。奉命校訂春秋日講。見顧用方春秋通論序。

十三年乙卯，先生年六十八歲。

春正月，充皇清文穎館副總裁。見本傳。

秋九月，高宗嗣位，有意大用先生。時高宗方欲追踐古禮，議行三年之喪，特下詔命群臣詳稽典禮。王大臣令禮部尚書景州魏公廷珍偕先生擬議。魏公與先生爲金石交，以諮先生。先生因欲復古人以次變除之制，隨時降殺，定爲程式，乃作喪禮議。其略曰：略，見本集。魏公上其議，大臣有不便者，遂格不行。見全碑、江寧志。先生時領武英殿修書事，請於親王，就直廬持服，未再期，先生不出焉。見尹元孚墓誌。先生所教習庶吉士，二十七日內，齋宿館舍，無敢飲酒食肉者，他部院未嘗有也。見汪師韓跋教忠祠禁及家譜。

冬十一月，上請定徵收地丁銀兩之期疏。其略曰：略，見本集。又上請定常平倉穀糶糴之法疏。其略曰：略，見本集。又上請復河南漕運舊制疏。其略曰：略，見本集。三疏俱下部議行。見本傳及奏議。

乾隆元年丙辰，先生年六十九歲。

春，命再入南書房。見本傳、雷狀、沈傳。

三月，上請備荒政兼修地治疏。其略曰：略，見本集。

夏六月，上憐先生老病，命太醫時往診視。見本傳。上以先生工於時文，命選有明及本朝諸大家四書制義數百篇，頒布天下，以爲舉業準的。見本傳。又奏請出祕府永樂大典，乃上擬定纂修條例疏，曰：略，見本集。充三禮義疏館副總裁。見本傳。

秋七月，删定管子、荀子成。是二書，先生少時嘗删録，兹復審定而序之。見本序。録取宋、元人經説，俱從之。見奏議及程崟儀禮析疑序。

冬，上請定經制疏。其略曰：略，見本集。

二年丁巳，先生年七十歲。

夏六月，擢禮部右侍郎。先生仍以足疾辭，詔免隨班趨走，許數日一赴部平決大事。先生雖不甚入部，而時奉獨對；大除授并大政，往往諮先生，先生多密陳，於是盈廷側目矣。見本傳、全碑。

上請矯除積習興起人材疏。其略曰：略，見本集。

秋七月，教習庶吉士。見本傳。先生嘗慮辭章聲律未足以陶鑄人材，轉踢其志氣，使日趨於卑小，欲仿朱子學校貢舉議，分詩、書、易、春秋、三禮爲三科，而以通鑑、通考、大學衍義附之。詩、書、易附以大學衍義，春秋附以通鑑綱目，三禮附以文獻通考，以疑義課試。

當路者多謂迂遠，惟高安朱文端公、江陰楊文定公諱名時。所見相同，亦以違衆難行止之。先生猶欲發其端，乃上請定庶吉士館課及散館則例疏。其略曰：略，見本集。疏下諸臣議，格不行。見贈石仲子序及奏議。先生館課，不尚詩賦工麗，務覘人學識根柢；經刮目者，多克以名節自立，祁陽陳可齋相國名大受，字占咸。其一也。見雷氏聞見録。

九月，疏陳九卿會議二事。一，九卿中有異議者，宜並列上聞，以俟聖裁。一，詹事、科道宜仍與九卿會議，所議不符，亦隨九卿議並奏。疏下總理事務王大臣等議，駁不行。見本傳。

上請定孔氏家廟補祀先聖前母施氏祀典疏。又上請以湯公斌從祀孔廟熊公賜履郭公琇入賢良祠疏，皆格於廷議。見本傳及雷狀、全碑。

十二月，復以老病請解侍郎任。詔許之，仍帶原銜食俸，教習庶吉士。見本傳。先是，河督某夙與先生善，既而違衆議，開毛城鋪。臺、省二臣爭之，言其不便，坐下獄。先生言於徐公蝶園，爲上言：「不當以言罪諫官。」上即日釋之。先生獨具疏陳河督之愎，河督大恨，亦思傾先生。禮部薦一貲郎入曹，親王莅部已許之，先生以故事，禮部必用甲科，不肯平署。會新拜泰安爲輔臣，起河間魏尚書爲總憲，忌者爭相告曰：「是皆方侍郎所爲，若不共排之，將吾輩無地可置身矣！」自是，凡先生所奏，疏下六部、九卿議，皆合口梗之。河督亦劾先生，禮部中又有挺身與先生爲難者。先生自知孤立，乃密陳其狀，且以病爲請焉。見全碑。

三年戊午，先生年七十一歲。

冬，過遵化州，訪鷹青山人李鍇，未遇鷹青，以詩投之。見李山人詩集序及鷹青集。

四年己未，先生年七十二歲。

春二月，詔重刊十三經、廿二史。先生充經史館總裁。乃疏請敕内府、内閣藏書處徧檢舊本，諭王大臣及在京各官家藏舊本，并敕江南、浙江、江西、湖廣、福建五省督撫購送舊本，詳校改正。又前侍講學士何焯曾博訪宋版，正前後漢書、三國志遺訛，請敕就其家索原書，照式改注别本，其原本給還，從之。見本傳。

夏四月，四書制義選成，奉表以進，命頒行天下。見本書。

五月，庶吉士散館，先生補請後到者考試。忌者劾之，謂有所私，遂落職，命仍在三禮館修書。見本傳、雷狀、沈傳、全碑。先生罷職，謂沈廷芳曰：「老生以迂戇獲戾，宜也吾兒道章數以此諫。然吾受恩重，敢自安容悦哉！」見沈廷芳記先生傳後。先是丁巳秋，朱文端公疾革，謂先生曰：「子性剛而言直，吾前於衆中規子，謂子幸衰疾支離，於世無求，假而年減一紀，尚有國武子之禍，欲諸公諒子之無他，而不以世情相擬耳！賓實楊文定字。既歿，吾病不支，子其懼哉！及今忌者媒孽，文端已先見之矣。」見叙交。上意終思先生，屢顧左右大臣言：「方苞惟天性執拗，自是而非人，其設心固無他也。」見雷狀。一日，吏部推用祭酒，上沈吟曰：「是官應使方苞爲之，方稱其任。」而旁無應者。見全碑。

六年辛酉，先生年七十四歲。

春正月十八日，兄子道希卒，作墓志。見道希墓志。

夏四月，作七思，感傷兄百川、弟椒塗、伯姊、仲姊、三姊、妻蔡氏、兄子道希也。見本集。

冬，周官義疏纂成，進之。上留覽兼旬，命發刻，一無所更。見雷狀、沈傳。

七年壬戌，先生年七十五歲。

春，先生以年近八旬，時患疾痛，乞解書局，回籍調理。上許之。賜翰林院侍講銜。四月，出都歸里，杜門著書，不接賓客。江南總督尹文端公諱繼善。踵門求見者三，皆以疾辭。見本傳、沈傳、全碑。

重爲司諭公及百川、椒塗卜兆。先是再卜葬，再以陰流入壙起攢。先生歸後，急求兆域，不以高年自寬，野處誠求，連歲而後成事。見熊偕吕、余東本時文序及方扶南詩集。

同武進楊農先椿考訂輯補湯文正公年譜，十月成，序之。

始營建教忠祠於清涼山麓，并將己所置田盡捐爲祭田，祀遷桐五世祖斷事公，以公殉節故，祠名教忠，其側又建太僕公小宗祠，歲時率族人致祭。其祭田經費贏餘，則以周子孫窶艱、嫁娶、喪葬不能自舉者。定祭禮，作祠規、祠禁及祭田條目，以示後人。其祠規序曰：略，見本集及家譜。先生嘗曰：「祭田乃余爲諸生、爲鄉貢士時陸續購置，服官後未增一畝也。」見與陳占咸尺牘。

八年癸亥，先生年七十六歲。

秋八月，尋醫浙東，因作天姥、雁蕩之遊，爲文記之。從行者爲鮑甥孔巡。見記文。

九年甲子，先生年七十七歲。

秋九月，長孫超舉江南鄉試。見家譜及桐城志。超係道章長子。

十年乙丑，先生年七十八歲。

夏六月，洛陽李餘三學裕來謁，時爲安徽布政使，未受印，屏騶從，造北山，奓户而入，執弟子禮，曰：「固知先生避客之深也，自獲見於先生，始知所以爲人之道。備官中外幾二十年，自省尚無負於君國，無慚於吏民，皆先生之教也。所懼民隱壅蔽，有過不自知。今適在先生之鄉，故甫入城，未受印篆，而願聞緒論。望先生知無不言。」見李公墓志。

十一年丙寅，先生年七十九歲。

冬十一月，歙縣門人程崟始爲編刻文集。見集序。

十二年丁卯，先生年八十歲。

秋八月，博野尹元孚會一來受業。時元孚視學江南，莅江寧，待諸生入闈，乃徒步，操几席杖屨，造清涼山下潭亭，執弟子禮，北面再拜曰：「曩在京師，母命依門牆，先生固執不宜使衆駭遽。今里居無嫌，且身未及門，心爲弟子久矣。蒙授喪禮或問，吾母之終，寢處、食飲、言語得無大悖，成身之德，豈有既乎？」先生辭不獲。越日，元孚又獨來，先生畏人疑詫，乃掃墓繁昌，入九華山避之。見尹元孚墓志。

十三年戊辰，先生年八十一歲。

十月十六日，長子道章卒。見家譜及全碑。

十四年已巳，先生年八十二歲。

秋七月，儀禮析疑成。先生以此經少苦難讀，未經倍誦，恐不能比類以盡其義。又世所傳，惟注疏及敖繼公集説二書。其永樂大典中宋、元人解説十餘種，皆膚淺無足觀。國朝惟張稷若、李耜卿各有删定注疏，間附己意，發明甚少。先生大懼是經精蘊未盡開闡，而閉晦以終古，故七十以後，晨興必端坐誦經文，設爲身履其地，即其事，而求昔聖人所以制爲此禮、設爲此儀之意。雖卧病，猶仰而思焉。有心得，乃稍稍筆記，十餘年來已九治，猶自謂積疑未祛，乃十治，早夜勤劬，迄今始成。見程崟序及劉大櫆祭文、雷狀、沈傳。

八月十八日甲午，先生卒於上元里第。疾革，數舉右手以示子孫，蓋以弟椒塗亡時抱歉，嘗戒子以斂時必袒右臂。子孫遂遵遺命以斂焉。見雷狀、沈傳。

先生貌怯瘦，身長，面微有痘斑，目光視人如電，膽弱者當之，輒心悸不能語。見熊寶泰譔先生祠堂記。爲人敦厚，生平言動，必準禮法。事父至孝，父嘗曰：「吾體未痛，二子已覺之；吾心未動，二子已知之。」其先意承志如此。見潛虛集百川傳。事母尤孝，年四十餘，宛轉膝下如嬰兒。辛卯，以南山集案逮赴詔獄，時母老疾多悸，先生偕縣令蘇君壎入見母，言：「安溪李公薦入内廷校勘，不得頃刻留。」拜辭出，即下獄。及癸巳事定，迎養北上，先生已召直南書房，居賜第，故太夫人至京，竟不知其事。見祭田條目及結感録、道希墓志、家譜。與兄百川、弟椒塗相友愛，不忍違離。百川約曰：「吾兄弟三人，異日當共葬一丘，不得以妻祔。」見示道希。其後葬先生於江寧縣建業三圖沙場村龍塘，辰戌兼巽乾向，與兄百川、弟椒塗同丘。見家譜。先生每遭期功喪，皆率子姓，準古禮，宿外寢。見祠禁。先生痛兄高才不壽，後得任子恩，請授兄子道永。見沈傳。居家有客至，必令子弟奉茶侍立左右。或宴會，則行酒獻肴，俾知長幼之節。見魏舒叔評沈廷芳所撰傳。每遇己生辰，必避居郊原野寺，不受子孫觴酌。祭田羨餘，以贍合族；生徒饋遺，輒予姻族之寠者。見沈傳。生平於貨財不苟受，金陵有王生執金爲贄求教，介某姻來，先生以金即贈某姻。已而王生卒，先生曰：「教未及，安受其贄？」因自出金如其數，使人奠，而不使某姻知也。又有某富人家資百萬，遭喪，延先生點主，以百金爲壽。先生曰：「吾豈可屈膝於守財者墓耶？」嚴却不應。見恕谷後集。先生自視常若下於恒人，見隸圉臧獲愛親敬長，一事一言之善，輒反躬自責愧不能行。有以過規，則誠心以爲德。見張文和澄懷園集。長洲何屺瞻言古文推錢牧齋，與先生論不合，屺瞻好詆人短，朋遊多苦之。先生獨喜聞其言，用以檢身。時置所著文於朱字緑所，使背面發其瑕疵。先生嘗嘆曰：「如斯人未可多得也。」見讀管子文自記。先生與朋友責善亦甚嚴。當其盡言無隱，多人所難受，故雖與昵好者亦竊病其迂。見澄懷園集。先生自爲諸生，名輒動京師，雖在難時，王公皆嚴憚之。性剛直，好面折人過，交遊中宦既遂，必以吏疵民瘼、政教得失相責難，由是諸公頗厭苦之。見雷狀。惟朱文端公篤信先生言，先生所知見，壹爲公盡言之。見叙交。與諸大臣言，常以天下之公義、古賢之大節相砥淬，而未嘗一及於私。見澄懷園集。李文貞公以直撫入相，先生叩之曰：「自入國朝，以科目躋兹位者凡幾？」公屈指，得五十餘人。先生曰：「甫六十年而已得五十餘人，則其不足重也明矣。望公更求其可重者！」時景州魏公君璧在側，退而曰：「斯人吾未前見，無怪乎見者皆不樂聞其言也。」見與陳占咸尺牘。先生幼聰穎，好讀書，而尤篤嗜經學。其爲學不喜觀雜書，以爲徒費目力，玩物喪志而無所得。見留撰言行録及沈傳書後。論學一以宋儒爲宗，説經之書，大抵推衍宋儒之學，而多心得。名物訓詁，皆所略云。見江寧府志。耄期猶嗜學，日有課程。治儀禮，十易其稿。年八十，日坐城北湄園，矻矻不置。見雷狀、全碑。先生於六經皆有撰述，所尤用力者，春秋、三禮也。三禮中，於喪禮尤研究精微，所著喪禮或問，學者以爲粹然同於七十子之文。見家譜。先生引誘後進，與之講論，娓娓不倦。見留撰言行録及家譜。先生少與兄百川以時文名天下，世稱二方。其古文嚴義法，言必有物，必有序。論文不喜班孟堅、柳子厚。見韓文懿序及本集、全碑。嘗語人曰：「文所以載道也。古人有道之言，無不傳之不朽，文所以佳者，以無膚語支字。故六經尚矣，古文猶近之，至於四六、時文、詩賦，則俱有牆壁窠臼，按其格式，填詞而已，以言乎文，固甚遠也。」見留撰言行録。又訓門人沈廷芳曰：「南宋、元、明以來，古文義法不講久矣。吴、越間遺老尤放恣，或雜小説，或沿翰林舊體，無一雅潔者。古文中不可入語録中語，魏、晉、六朝人藻麗俳話，漢賦中板重字法，詩歌中雋話，南北史佻巧語。老生所閱春秋三傳、管、荀、莊、騷、國語、國策、史記、漢書、三國志、五代史、八家文，賢細觀當得其概矣。」見沈傳書後。先生生平慎於文，不輕爲人作表誌，尤必於其人而難以情假也。先生所著書，仍有删定通志堂宋元經解、春秋比事目録、左傳義法舉要、史記注補正、離騷正義、聞見録等書，皆不知其撰著年月，兹附及之。見本集。

夫人蔡氏生二子，早殤；生二女，長適廬江舉人宋嗣茨，次適上元生員鮑孔學。先生年三十三四尚無子，乃納側室楊氏，生二子，道章、道興；生一女，適金壇王金範，官蒲臺縣丞。繼室徐氏夫人無出，蔡夫人葬江寧縣石潭菖蒲山，與嫂張氏同丘。道章字用闇，號定思，揀選知縣，生七子：超、惟一、惟醇、惟稼、惟寅、惟和、惟俊。超爲英山教諭。道興字行之，號信芳，安慶府學廩膳生，生四子：惟清、惟恂、惟慤、惟憲。見家譜。孫、曾多爲諸生，或舉於鄉，至今不替，兹未備考焉。

劉季高校點方苞集附録一

方望溪先生年譜序

蘇惇元

學不足以修己治人，則爲無用之學。文不足以明道析理，則爲虚浮之文。有行而無學，則其行無本。有學行而無文章，則無以載道而行遠。故孔子教人行有餘力，則學文，又以文、行、忠、信四者並教。然則學行文章，固不可偏廢也。

吾鄉方望溪先生，少時論行身祈嚮，曰：「學行繼程、朱之後，文章在韓、歐之間。」竊觀先生爲學，固徹上下古今，一出於正；而其學行大綱，則符乎程、朱之旨；至發爲文章，則又合四子而一之；其行足以副其學，其文足以載道而行遠。先生少日之志，固畢生力學而允蹈之，顧先生之著述行義未能盡顯。奏議載於家譜，世所罕見。或知先生之文章，而不知其學行經濟；或徒愛其文之醇潔，而不知其文之載道；或知先生經學之宗宋儒，而不知其有心得之實。先生居官，雖未顯著政績，而其憂國之忠，直言於大臣，潛挽朝廷大事頗多；在書局三十年，承修各書，亦皆頒於學官；其所以扶樹政教，嘉惠士林，實有古大儒名臣之風矣。

惇元壯歲，始知篤好先生之書，十數年間，常奉以爲師，愧未能希其萬一；而於先生遺文逸事，不憚集録。惟先生門人王兆符所編年譜，及先生幼子道興所撰行狀，今皆無傳本。其他傳、狀、碑、銘，又不能具其學行之詳，用是惜之。竊嘗論近代大儒，宗法程、朱，精詳親切者，以楊園張先生之學爲最。宋以後文家，能合程、朱、韓、歐爲一而純正動人者，以先生之文爲最。昔曾增訂楊園年譜以備考鏡。年來因更搜輯先生學行，編爲年譜；庶亦自備楷模，又以俾天下學者知先生學行文章經濟之詳，並知爲文必以載道爲貴，毋徒爲浮靡奇詭之辭而已也。道光二十七年冬十二月，同邑後學蘇惇元謹序。

據劉季高校點方苞集附録三

蘇厚子望溪先生年譜書後

姚瑩

年譜之作，所以著人一生出處行事之實，與其文章言論相爲表裏，所謂夷考其人者也。或言行相顧，或行不掩言，皆存乎此一失，其實則非以表之，適以誣之，比於傳狀，殆有甚焉。望溪先生年譜舊有先生門人王兆符撰本，而世失傳。計先生之殁，於今百年矣！讀其書者，絶無恩怨，無事瞻徇顧忌。所患考之不精不備，難免失實耳。厚子質直樸重，有先儒信道之篤，無文士浮夸之氣；沈潛於先生文章者既久，而蒐討於先生出處行事之實復精，且備年譜，積歲始成，時復增損，務求其實，豈疏淺者所能望哉！君嘗增訂張楊園先生年譜，吾讀而敬異之。今復爲此譜，可以見其學行詣力，即其志可知矣。道光己酉二月。

姚瑩東溟文後集卷十

方望溪先生年譜序（代）

方東樹

昔孔子於門弟子因材施教，以裁其狂簡，蓋於諸賢才分之所至無不周知，而熟計之矣。獨至使漆雕開仕，然有意外未信之説，何也？上蔡謝氏論此，以爲學人之才性可知者也，獨其心術之微，雖聖人亦有所不知焉。程子論此曰：「漆雕開已見大意，故夫子説之。」善乎學者，不可不見大意也。學不見大意，則識器卑下，志趣狹陋，雖畢生勤劬用功，其成就卒無以躋乎上。歷觀古人，莫之能遯也。

吾鄉方望溪先生，少時自言其祈嚮，有曰：「學行繼程、朱之後，文章在韓、歐之間。」此其言雖若猶未臻乎極至，而大意則已見。卒先生後所成就，實無媿斯二語，可謂不欺其言者矣！夫人智之多少，以學爲齊。而子貢論夫子之學不厭，智在學先，豈非由夫子十有五時志學之始已見大意也哉！

某薄劣不學，而於近世大儒，獨服膺張楊園及先生。往時既嘗爲楊園輯年譜矣，兹復取先生續集、家譜，及前後諸公私集，事言有及於先生者，肴戢詳考，成年譜一卷，俾讀先生書者有所考，不惟發揮先生之學行，亦庶以啓來學之識智焉。夫闡揚絶業，必待絶德之人，而後能得其全而無遺。惜乎某之非其人也！書成，序之如此，以識余僭且媿云。道光二十七年十二月，邑後學某謹序。

望溪先生年譜序

方東樹

自太史遷創史法，易春秋編年爲本紀、世家、列傳，皆綜一人之本末始終，而備著其行蹟，異其等分，而不異其事義，遂爲後世史法相沿不可易之體。及宋以來，又有私家年譜之作。年譜者，補國史家乘所不備，而益加詳焉。吾以爲此仍沿遷史十表年月之法，而易其形者也。

桐城名縣，起於唐，自唐以前人物，罕登於史傳者。逮乎明代而後，桐城人文輩出，若忠臣孝子、理學名臣，後先接迹，昭垂乎史傳，昭耀乎耳目，遂爲各直省名都望縣所罕能並。統觀前後碩德名賢數十族，而於文學尤推方氏。方氏在明，則有密之先生；在我朝，則有望溪先生。密之博綜淹貫，靡所不通，擅聲一代。然以語文章經學之廣大精微，經世立事之宏綱鉅用，實皆不逮望溪。即以古文一道論之，能得古作者義法氣脉，韓、歐相傳之統緒，在明推歸太僕熙甫，昔人號偁絕學，惟望溪克承繼之，實能探得其微文大義不傳之秘，以尊成大業。望溪而後，則有劉學博海峰、姚刑部惜抱，學者宗之，以比揚、馬、韓、歐，並偁曰方、劉、姚，翕然無異論。夫三先生皆各以其才、學、識自成一家，自有千古，蓋非特一邑之士而天下之士，亦非特天下之士而實百世之師。以愚究論其實，若從其多分言之，則望溪之學、海峰之才、惜抱之識，尤各臻其獨勝焉。然若置其品題，就其經學義理，以及所敷奏設施之實，絜之劉、姚，則偏全大小，㝠然不侔；

即同時若安溪、臨川諸公，比肩同志，所謂如驂之靳，然亦皆似不及之。先生書在海内，名在國史，後有知人論世者出，自有衷論，當知非鄉曲後生阿私溢美，如鄭梁之序南雷，南雷之序山陰也。

蘇厚子惇元，沈精敏毅，學行深醇，平日尤篤嗜先生之書，以爲如先生者，不獨超文苑、炳儒林，而其淑身經世之略用，實有古大儒名卿之風。國史雖有專傳，而行誼問學之詳，未能悉備。乃采合諸家傳記文字，及其家乘，而考訂之，爲之年譜，俾天下後世備見先生所藴之全。識大識小，信乎爲斯文不可少之作。書成，來乞余序。余淺劣不學，不但無以窺知先生之萬一，亦並不能究測厚子之蓄積，何能序此？固辭不獲，則據其所麤知者，而道其實如此。道光丁未八月，宗後學東樹謹序。

方東樹考槃集文録卷四

望溪先生年譜序

戴鈞衡

鈞衡既刊望溪先生全集，遂取吾友蘇厚子所編年譜附後，梓既成，爲之言曰：年譜之作，昉於宋人。自後千餘年，世所謂大儒、文人歿後，類必有年譜附集。第作者或及其門，或年輩略相後先，從遊久故，或子孫述追祖考，乃能詳而無缺，信而不誣。若夫時代間隔，典册亡徵，言之必不能詳，詳者未必無誤，此仁傑、興祖所致憾於靖節、昌黎者也。夫譜之不詳，與無譜等；詳焉不信，則如勿詳；詳矣信矣，爲之者或識不足以知其人之深，於學行大小輕重，繁簡失要，則猶不足以饜塞乎尊信者之心。

吾鄉望溪先生，舊傳其門人王兆符編有年譜；兆符卒先先生二十餘年，其譜缺不備，世亦絶未之見。以故習舉業者，第傳誦先生時文；治古文者，則奉以紹八家之統；治經學者，則謂大義炳然，非章句小生所及；而其修身立命，幽隱不欺，與夫忠國愛民，經世大體，則千百中無二三知者。再閲數十載，人遥風往，文獻就湮，承學之士，不過即所誦讀者，想象大略而已。又先生守道不阿，與世多梗。自安溪、長洲、江陰、高安諸公先後繼逝，同朝媒孽，快其嫉心。海内學者，苟無據以考其實，將使讀先生書，信爲大賢君子，而無以解於當日傳聞，轉疑明道晰理如先生者，尚不無可議，或遂恣爲僞學，蠹聖道而壞人心，豈獨先生一身之顯晦已哉！嗚呼！此厚子年譜所由作也。

厚子於先生之學，信之篤而愛之深。其爲年譜也，積十數年乃成，博而不雜，贍而有體；舉先生立身行己、出處本末、學問源流，一開卷昭然若揭；其爲功視周益公之於歐陽，李公晦之於朱子，劉伯繩之於山陰，殆有過焉。惟其初意在單行，故於先生經説、諸序及奏議，大者間録全文，以諸家集後年譜例之，可從割削。然而厚子之意，則欲他年有子長、孟堅其人者，得是譜，即已洞其質行經綸，毋待遍窺全集；又欲天下未見先生經説者，因是求讀其書，以興學向道；其用心可謂至矣！豈好爲漫冗複叠者哉？余故依而刊之，爲述大恉如此。辛亥五月，戴鈞衡序。

劉季高校點方苞集附録三

碑銘

前侍郎桐城方公神道碑銘

全祖望

古今宿儒，有經術者或未必兼文章，有文章者或未必本經術，所以申、毛、服、鄭之於遷、固，各有溝澮。唯是經術文章兼固難，而其用之足爲斯世斯民之重，則難之尤難者。前侍郎桐城方公，庶幾不愧於此。然世稱公之文章，萬口無異辭，而於經術已不過皮相之，若其惓惓爲斯世斯民之故，而不得一遂其志者，則非惟不足以知之，且從而掊擊之，其亦悕矣。

公成進士七年，以奉母未釋褐，已有盛名。會遭奇禍論死，安溪方傾倒於公，力救之。幸荷聖祖如天之仁，宥死隸旗下，以白衣直禁廷，共豫校讎，令與諸皇子遊，自和碩誠親王下皆呼之曰「先生」。事出破格，固無復用世之望矣。然公雖朝不坐，燕不與，而密勿機務，多得聞之。當是時，安溪在閣，徐文靖公元夢以總憲兼院長，公時時以所見敷陳，某事當行，某事害於民當去，其說多見施行，雖或未能盡得之諸老而能容之，故公之苦口不一而足，不自知其數也。或欲薦公，則曰：「僕本罪臣，不死已爲非望，公休矣。但有所見，必爲公言之，倘得行，拜賜多矣。」

世宗即位，首免公旗籍，尋欲用公爲司業，以老病力辭。九年，竟以爲中允，許扶杖上殿以優之。再遷爲侍讀學士，孫公嘉淦以刑部侍郎尹京兆兼祭酒，勁挺不爲和碩果親王所喜。有客自朱邸來，傳王意，授公急奏令劾之，當即以公代之。公拒不可，其人以禍怵之，公以死力辭。不數日，竟有應募上劾者，孫公下獄。公謂大學士鄂公曰：「孫侍郎以非罪死，公亦何顏坐中書矣！」於是孫公卒得免，人多爲公危之，而王亦不以是有加於公也。尋遷内閣學士，公以不任行走爲辭。詔許免上直，有大議得即家上之。公感激流涕，以爲不世之恩，當思所以爲不世之報，然日益不諧於衆矣。

今上即位，有意大用公。時方議行三年之喪，禮部尚書魏公廷珍，公石交也，以諮公。公平日最講喪禮，以此乃人倫之本，喪禮不行，世道人心所以日趨苟簡，諄諄爲學者言之。而是時皇上大孝，方欲追踐古禮，公因欲復古人以次變除之制，隨時降殺，定爲程度，内外臣工亦各分等差，以爲除服之期。此説本之桴亭陸氏，最爲有見。魏公上之，聞者大駴，共格其議，魏公亦以此不安其位。尋遷禮部侍郎，公又辭，詔許數日一赴部平決大事。公雖不甚入部，而時奉獨對，一切大除授並大政，往往諮公，多所密陳，盈庭側目於公。

初，公嘗董蒙養齋，河督高君方在齋中，公頗言其必貴，故河督最嚮往公。及其違衆議開毛城鋪，舉朝争之不能得，外而督撫争之亦不能得，而臺、省二臣以是下獄。公言於徐公元夢，令爲上言不應以言罪諫官，上即日出之。於是公獨具疏，力陳河督之愎，上頗心動。河督自請入面對，上以其平日素嚮往公也，以疏示之。河督大恨，亦思傾公。禮部共議薦一貲郎入曹，和碩履親王莅部，已許之矣。公以故事禮部必用甲科，不肯平署，王亦怒。會新拜泰安爲輔臣，而召河間魏尚書爲總憲，朝廷爭相告曰：「是皆方侍郎所爲，若不共排之，將吾輩無地可置身矣！」是後，凡公有疏下部，九列皆合口梗之，雖以睢州湯文正公，天下之人皆以爲當從祀者，以其議出於公，必阻之。公嘗陳酒誥之戒，欲禁酒而復古人大酺之制，以爲民節用；又言淡巴菰出外番，近日中原遍種之，耗沃土以資無益之産，宜禁之。其言頗近於迂闊，益爲九列中口實。於是河督言公有門生在河上，嘗以書托之，上稍不直公，而禮部中遂有挺身爲公難者。公自知孤立，密陳其狀，且以病爲請，許以原官致仕，仍莅書局。衆以上意未置公也，適庶常散館，又以公有所私，發之，遂被削奪，仍在書局行走。而荆溪人吴紱者，公所卵翼以入書局，至是遂與公爲抗，盡竄改公之所述，力加排詆，聞者駭之。然上終思公。一日吏部推用祭酒，上沉吟曰：「是官應使方苞爲之，方稱其任。」旁無應者。嗚呼！温公退居留臺，神宗方改官制，以爲御史大夫非光不可，其亦古今所同慨也夫。於是公自以精力倍衰，求解書局，許之，特賜侍講銜。歸里，杜門不接賓客，江督尹公踵門求見，三至，以病辭。乾隆十有四年八月十有八日卒，春秋八十有二。

公諱苞，字靈皋，學者稱爲望溪先生，江南安慶之桐城人。桐城方氏爲右族，自明初先斷事公以遜志高弟與於革除之難，三百年中，世濟其美。明季密之先生尤以博學稱，近始多居江寧者，公亦家焉。三世皆以公貴，贈閣學。公之成進士也，宗人方孝標者，故翰林，失職遊滇中，陷賊而歸，怨望，語多不遜。里人戴名世日記多采其言，姓而不名。事發，吏撫以爲公也，及訊，得知爲孝標。吏議以其已死，取其五服宗人將行房誅之刑，長繫公以待命，賴安溪而免難。故公自謂宦情素絶，非有心於仕進，每得一推擢必固辭，而三朝之遭遇，實爲殊絶，不得不求報稱，豈知勢有所不能也。伯兄舟以高才而不壽，公傷之，推恩其子道永，得官順天府通判，而道永之罷官，頗遭羅織，亦以公故。公又於故相爲同籍，公子道章亦得罪於故相之子，故累上計車，卒不得一售。

公少而讀書，能見其大。及遊京師，吾鄉萬徵君季野最奇之，因告之曰：「勿讀無益之書，勿爲無益之文。」公終身誦以爲名言。自是一意窮經，其於通志堂徐氏所雕九經，凡三度芟薙之，取其粹言而會通之。不喜觀雜書，以爲徒費目力，玩物喪志，而無所得。其文尤峻潔，未第時，吾鄉姜編修湛園見之曰：「此人吾輩當讓之出一頭地者也。」然公論文最不喜班史、柳集，嘗條舉其所短而力詆之，世之人或以爲過，而公守其説彌篤。諸經之中尤精者爲三禮，晚年七治儀禮，已登八秩，而日坐城北湄園中，矻矻不置。次之爲春秋，皆有成書。間讀諸子，于荀、管二家，别有删定本，皆行於世。其在京師，後進之士挾温卷以求見者，户外之履，昕夕恒滿。然公必扣以所治何經、所得何説、所學者誰氏之文，蓋有虛名甚盛，而答問之下舌橋口噤、汗流盈頰，不能對一詞者，公輒愀然不樂，戒其徒事於馳騖。故不特同列惡公，即館閣年少以及場屋之徒，多不得志於公，百口謗之，是則古道所以不行於今日也。

公享名最早，立朝最晚，生平心知之契，自徐文靖公後，曰江陰楊文定公，曰漳浦蔡文勤公，曰西林鄂文端公，曰河間魏公，曰今相國海寧陳公，曰前直督臨川李公，曰今總憲宣城梅公，曰今河督顧公。其與臨川，每以議論不合有所争，然退而未嘗不交相許也。雅稱太原孫尚書曰：「殆今世第一流也。」及太原進冢臣，而公稍疑之，嘗歎曰：「知人之難，諒哉！」履邸雖惡公，而知公未嘗不深。一日，鄂文端公侍坐，論近世人物，文端歎曰：「以陳尚書之賢也，而自閩撫入京，聞其進羨餘金六萬，人固未易知也。」王曰：「其方侍郎乎！其强聒令人厭，然其堯舜君民之志，殊可原也。」而前此力扼雎州從祀之尚書，垂死悔恨，自以爲疚心。嗚呼！大江以南，近日老成日謝，經術文章之望，公與臨川實尸之，雖高卧江鄉，猶爲天下之望。去年公卒，今年臨川繼之，蓋無復憖遺矣，豈不悲夫！

予之受知於公，猶公之受知于萬、姜二先生也。其後又與道章爲同年，且重之以婚姻。予之罷官也，公豫見其兆，諷予以早去。及予歸，而公又以爲惜，欲留予，而不知公亦從此被憾矣。公之密章秘牘，世所未見，唯道章知之，而道章先公卒，故予亦不能舉其十一也。西州之痛，言不敢私，亦不敢諱，安得以銘爲辭。其銘曰：

經説在笥，文編在笥；雖登九列，依然齎志。强聒而言，何補於事；適招多口，成兹顛疐。懸知耿耿，百年長視；老成凋喪，嗣子又逝。孰知公者，青蠅僅至；墓門片石，秦淮之涘。

全祖望鮚埼亭集卷十七

祭文

祭望溪先生文

劉大櫆

嗚呼！漢氏以來，群儒區區，六經之道，雖辟而蕪。惟公治之，究其根株，如受衡量，不溢黍銖。春秋諸傳，類多齟齬，公比其事，孔思昭蘇。周官、士禮，久荒不鉏，斲璞出玉，朗然虯珠。一言之立，百世可孚，從祀闕里，亦其宜歟！公之懷抱，邁登黄虞，少而多難，百不一攄。晚貳宗伯，日進籲謨，郵童野老，跂足以須。彼譖人者，謂公釣譽，誰實爲此？嗟嗟鄙夫！公則猶是，民也何辜？公倡大義，衆見爲迂。最知公者，高安相朱，慨彼世俗，僅識公麤。擬之周士，子美夷吾，申施未竟，孰謂非誣！至於文章，乃公緒餘，然其所爲，鬼閟神敷。燔剥六藝，炙剔膏腴，高堂黼座，正冠危裾。雲升水湧，風日晴舒，卑視魏晉，有如隸奴。公之孺慕，無間須臾，遭值母喪，不獲歸廬。而於藩府，纓佩以趨，抱痛一世，泣血漣如。善事其兄，情至禮俱，庇其兄子，過於己雛。尤於朋友，擢膈磨膚，相責以義，言不囁嚅。同里左丈，一心相於，生闊死别，終始不渝。屢見於文，哀情既鋪，逮其孫子，眷眷呵嘘。不材如櫆，舉世邪揄，公獨左顧，栽植其枯。雖之灌之，使之榮萼，提之挈之，免於饑驅。誘而掖之，振聵開愚，卒令頑鈍，稍識夷途。歲在癸丑，詔徵鴻儒，公以槐應，瑟濫以竽。我營薄禄，過願所圖，喜動於色，背汗有濡。槐試而蹶，公每不愉，愀然累日，頓足長吁。歷數平生，遊好之徒，苟其傑立，輒見次且。豈彼蒼意，固與人殊，我實卷曲，分甘泥塗。而厪公念，乃至斯乎！當公少日，備歷崎嶇，匪敢玩愒，愈勇讀書。其治三禮，半在囚拘，死而後已，其生不虛。公既歸里，幅巾袴襦，冶城之北，有山有湖。水亭風榭，嘉木扶疏，跳波出曝，穹黿長魚。賓朋燕集，不廢菑畬，九治士禮，積疑未祛。乃今十治，早夜勤劬，屈指成就，當在秋初。夭桃華灼，攜我嬉娛，登樓拾級，不賴人扶。謂公矍鑠，百年可逾，詎知背面，五月而徂。公乎何忍，不我少需！嗚呼！公之名德，照耀海隅，年躋大耋，尚何煩紆？惟其平昔，師友諮諏，望望不見，所爲欷歔！尚饗！

劉大櫆海峰文集卷八

傳記

方望溪先生苞行狀

雷鋐

先生姓方氏，諱苞，字靈皋，號望溪。先世桐城人，曾大父諱幟，避寇遷金陵。父諱仲舒，號逸巢；母吴氏太夫人，逸巢公繼室。康熙戊申四月望日，先生生。年四歲，逸巢公嘗以雞鳴時起如廁，適大霧，以「雞聲隔霧」命屬對，即應曰：「龍氣成雲。」十歲，師兄百川先生，徧誦經書、古文。家貧，冬無複襦屨，穿行雪中，兩指恒見迹，益厲學，相勉爲孝弟。弱冠遊京師，安溪李文貞公見其文曰：「當與韓、歐争等列，北宋後無此人也。」當是時，巨公貴人方以收召後學爲務，天下士負聲望者聚京師，旬講月會，率數十百人。獨先生不與，公卿非禮先焉，終不枉見。己卯舉鄉試第一，丙戌成進士。榜未發，聞太夫人病疾，遽馳歸。丁亥，逸巢公卒。辛卯，以南山集事牽連，逮赴詔獄。獄辭上，同繫者皆惶懼，先生閲儀禮注疏終不輟。癸巳二月，聖祖仁皇帝命以戴名世案牽連者並免罪，隸漢軍。旋召入南書房，試湖南平苗碑文。越三日，試時和年豐慶祝賦。越五日，試黄鐘爲萬事根本論。每奏一篇，上未嘗不嘉歎。冬，聖祖仁皇帝修樂律曆算書，命誠親王監臨，先生由南書房移蒙養齋。誠親王嚴察，承事者多獲譴訶，先生柴立其中，遇事數争執，不得當不止。王心折，命爲王子師。先生南面坐，置王子座于亭西，東面，乃就講。王子色不豫，先生抗顔無少屈。壬寅夏，命充武英殿總裁。先生自爲諸生，名動京師，雖在難，自王公皆嚴憚之。然性剛，好面折人過，交遊宦即遂，必以吏疵民瘼、政教得失相責難，由是諸公頗厭苦，雖舊識亦患其迂遠於事情。

康熙六十一年，世宗憲皇帝嗣位，特恩赦先生，並合族歸鄉土。莊親王、果親王傳旨曰：「朕以方苞故，赦其全宗，方苞功德不細。」先生聞命，驚怖感泣，涕泗交頤。先是，乙未冬，太夫人卒於都。姻戚馭柩以歸，不克葬。雍正二年乞歸葬，蒙恩給假一年。既事，以三年三月抵京師，具劄恭謝聖恩。召見，先生弱足，不能行，特命内侍二人翼而趨至殿陛。氣喘急，不能任其聲，上嗟歎者久之，命仍充武英殿總裁。雍正九年，特授詹事府左春坊左中允，三遷至内閣學士兼禮部侍郎，教習庶吉士，督修一統志。乾隆元年，召入南書房，晉禮部右侍郎，教習庶吉士，兼文穎、經史、三禮館總裁。自聖祖仁皇帝擢先生居侍從，先帝拔自廢疾，列九卿，皆以文學受知，未嘗與國事。既任禮部，與廷議，乃言田文鏡所定地丁錢糧四月完半之害，請復舊制；河以南祥符五十州縣應徵糧十三萬六千七百有奇，中隔黄河，厥土墳壤，牛車淖陷，逢陰雨，雇夫盤運，費且十倍，宜永定遠水州縣折銀交部；請禁燒酒、種煙，以裕民食。又言賑荒當命有地治者，視民衆寡，得擅發倉粟，勿拘存七糴三常制；請因荒歲聚民修城，浚溝池，謹封樹，以制盜賊之遁逋。又言國家大事宜博稽於衆，集思廣益，請詹事、科道皆與九卿議，各抒所見，得專達凡數。與廷議多齟齬，隨以足疾辭部務，供館職。乾隆四年落職，獨纂修三禮。辛酉，進周官義疏。上留閱兼旬，命發刻，一無所更。

壬戌春，先生衰病乞休，恩賜翰林院侍講，以四月出都。始，先生既落職，上屢顧左右大臣言曰：「方苞惟天性執拗，自是而非人，其設心固無他也。」嗚呼！身歷三朝，齒臻耄耋，猶得以餘年從容巖壑，論次經史，非其忠誠直諒爲聖主所優禮，而能如是乎！伏讀聖諭，而先生生平，亦可見其梗概矣。其家居建宗祠，名曰教忠；置祭田，以歲時合族生徒饋遺，罄於族戚之貧者。耄期猶嗜學不倦，治儀禮十易稿，讀書日有課程。己巳秋仲，寢疾；既望，疾革。子孫在側，數舉右手以示之。初，先生弟椒塗先生將卒，得異疾，不能視含斂，終身以爲憾。常戒子弟曰：「我死，斂必袒右臂。」十八日甲午，卒。子孫奉遺命以斂，時年八十有二。先生既卒之三日，鋐以省親過金陵，哭于殯宫。先生質行介節，生徒各紀所聞，散在四方，卒難收拾，乃粗舉其立身本末，爲行狀云。所著周官集注、禮記析疑、春秋通論、文集行於世；删訂昆山經解、儀禮注，俱有成書，未刻，藏於家。

錢儀吉碑傳集卷二十五

方望溪先生傳

沈廷芳

方先生諱苞，字靈皋，其先桐城人也。曾祖某官副使，以避寇遷上元。祖幟，官教授。父仲舒，用遺逸名江南北。先生生四歲，父嘗雞鳴起，值大霧，以「雞聲隔霧」命對，即應曰：「龍氣成雲。」稍長，從兄舟學，博究六經百氏之書，更相勖以孝弟。弱冠遊太學，安溪李文貞公見其文，歎曰：「韓、歐復出，北宋後無此作也。」時天下士集京師，投謁無虚日，公卿争相汲引，先生非先焉不往，益見重諸公閒。中康熙丙戌會試，未殿試，母疾遽歸，適丁外艱。緣序南山集下詔獄，獄具，聖祖命以戴名世案牽連者免罪編旗籍。方爰書上時，同繫皆惶懼，先生閲儀禮自若，人咸服其定力。俄召入南書房，試文者三，每奏御，輒嘉歎。會修樂律曆算書，移蒙養齋，監修爲誠親王。王性嚴，承事者多獲呵責，先生侃侃不阿，遇事持正，王敬之，延爲王子師。乃置王子座東向，己南面坐，始就講。旋充武英殿總裁。世宗即位，放先生暨族人還里，詔曰：「朕以方苞故，宥其全宗，苞功德不細矣！」先生聞詔感泣。以母卒未葬，請假歸。既事，還朝召見，因弱足不任行，世宗命二内侍翼至殿陛，顧視歎者久之。雍正九年，特授中允；期月間三遷至内閣學士，教習庶吉士，督修一統志。乾隆元年，入直南書房，擢禮部右侍郎。二年，復教習庶吉士，兼文穎館、經史館、三禮館總裁。先生自惟受三朝厚恩，起罪疾餘，洊列卿貳，皆僅以文學報。既在部，得與廷議，乃言田文鏡所定地丁錢糧四月完半之害，請復舊制；河以南祥符等五十州縣，應徵糧十三萬六千七百有奇，中隔黄河，厥土墳壤，牛車淖陷，逢陰雨，雇夫盤運賈且十倍，宜永定遠水州縣折銀交部；請禁燒酒、種煙以裕民食。又言賑荒，當令有地治者視民衆寡得擅發倉粟，勿拘存七糶三常制；請因荒歲聚民修城、浚溝池、謹封樹，以制盜賊之遁藏；又言國家大事，宜博稽於衆，集思廣益，請令詹事、科道皆與九卿議，各抒己見，得專達；又請以湯斌從祀孔庭，熊賜履祀賢良祠。章數十上，俱蒙批報，而同列多厭苦之，遂以足疾辭部務，供館職。四年，以讁落職，仍修三禮。越三年，進周禮義疏。上留覽兼旬，命發刻，一無所更。即以衰病乞休，賜侍講銜歸。歸八年卒，年八十有二。疾革，數舉右手以示子若孫。蓋先生弟林早亡時，得異疾，弗獲視含斂。嘗戒子弟：「我死，斂必袒右臂。」洎是子姓奉遺令以斂。初告歸，以先世未遷葬，不遑家居，寄僧舍中，葬乃返。痛兄舟之不遇，得任子恩，請授兄子。嘗建宗祠，顔以教忠；置祭田，以歲時合族，生徒饋遺，悉予媚族之窶者。耄年嗜學，猶日有課程，治儀禮十易稿云。所著周官集注、儀禮注、禮記析疑、喪禮或問、春秋通論、文集等書。晚號望溪，學者稱望溪先生。

沈廷芳曰：先生其今之古人歟！廷芳昔受經邸第，見先生著緇布小冠，衣緼袍，憑白木几，箋經不稍休；與門弟子講論，肫肫以六經之言質諸行。弟子若侍伏生、申公側，穆然起忠敬也。

及立朝蹇諤，多與時抵牾，然天子獨鑒其心無欺，非先生之碩學忠誠，惡能得此哉！惡能得此哉！

錢儀吉碑傳集卷二十五

又附方望溪先生傳書後

沈廷芳

雍正戊申冬，余因劉畊南徵士大樾謁先生，請爲弟子。先生曰：「師所以傳道、授業、解惑也。欲登吾門，當以治經爲務。」某對曰：「某雖不敏，謹受教。」先生手所著喪禮或問曰：「喪、祭二禮，事親根本，世罕習者。生其研於斯！」某拜受。翼日雪，先生乘車曳杖顧某坐，良久曰：「昨生退，或言生查詹事外孫、文昌君子也，是皆吾故友，故來答。」某感謝出門，扶先生升車，送出隘巷。先生曰：「願生勤厥業！」越四年，先生授中允。又逾年，遷卿貳，恒直殿閣，無須臾間，某遂希展謁。癸丑，奉先君之諱，先生來唁。將奔喪，往謝，先生賜以䘖，慰曰：「生毋過哀滅性，居苫次，正讀禮時也。」乙卯，復遊太學。先生方爲一統志館總裁，某先爲館中官寫書求補缺。先生曰：「館中易荒業，生宜窮經著書，勿沾沾於是。」乾隆丙辰，余登詞科，除庶吉士。

族兄冠雲徵士彤訪先生於直廬，先生曰：「君同宗某已官翰林，君其勉以學。」某聞之，亟往謁，勵以忠孝。丁巳夏，某授職，有持武英殿牒趨某赴書局，則先生劄也。某即赴，先生曰：「殿中需校輯才。生有學行，況詹事、文昌舊直地，故以相屬，且可以砥礪問學。」自是在直廬，日奉几杖。嘗徵某詩文，因以就正。先生曰：「生詩雖師夏重，其格過之。」即爲作序，更評文後云：「賢文筆極清，體法具合，將來定以此發聲。但南宋、元、明以來，古文義法久不講。吴、越間遺老尤放恣，或雜小説家，或沿翰林舊體，無一雅潔者。古文中不可入語録中語、魏晉六朝人藻麗俳語、漢賦中板重字法、詩歌中雋語、南北史佻巧語。老生所閲春秋三傳、管、荀、莊、騷、國語、國策、史記、漢書、三國志、五代史、八家文，賢細觀，當得其概。」因論今文士，惟畊南、冠雲足語此。畊南才高而筆峻，惜學未篤；冠雲特精潔，肯究心於經，得吾賢而三矣。

會以館課藝屬閲，襆被往，先生方設菜羹、乾肉飯，命某同飯。居恒惟説經與程、朱諸書，或溯往事，間示近文，曰：「生視吾文，于古文何似？」某曰：「先生文追韓軼王，中當以原人、原過、楊文定、查編修二誌、和風翔哀辭爲不愧古作者。」先生然之，即以授某。己未，先生罷職，見某歎曰：「老生以迂戇獲戾，宜也吾兒道章字用闇〔二〕數以此諫。然吾受恩重，敢自安容悦哉！」

〔二〕「闇」，原本漫漶難識，據望溪先生年譜補。

及某改御史，謂曰：「諫職難居。今處不諱之朝，當言則言，慎無緘默以竊禄！」辛酉，先生歸老，某曰：「先生此歸甚善。」旁有門人某作依戀語，先生怫然曰：「生何效時世態！沈生言是也。」追送出國門，猶拳拳勖以學行。癸亥，某以不職被黜。先生寄書曰：「賢居臺中所由已得正路，當久而益堅。然讀書人心血不足，易至羸弱。退之云：『先理其心，小小者自當不至。』愚雖一生在憂患疾痛中，惟時時默誦諸經，亦養心衛生之術也。」又寄書曰：「老生初謂賢温温文士耳，及服官，風采可畏愛，私心甚快望，益振拔。雖家貧禄薄，而有道者稱願曰有子如此，則所以慰賢尊于九原，而揚太夫人之清譽者，遠且大矣！惟良食善保有用之身。」

乙丑，某視漕山左，走僕求表查宫詹墓。初，先生爲查編修誌，實由某請。吾母責某曰：「汝能爲母之從祖言，曷不爲母之父言！」因述母命，以請先生。報曰：「宫詹吾故交。賢以身後文相托，從前未許作者，以多事無暇。且愚爲文亦有數存其間，如夏重之誌，多年廢置，頃刻而成是也。但愚即爲文，亦不能多述狀中語。惟宫詹居禁近，無忌嫉心，殁後公論在人，即是表之足矣。二狀爲賢討論附去。」閱月而文至。丁卯，某復使山左，適先生子若孫赴公車。過邸，以望溪集畀某，悉先生尚健飯，日箋儀禮。因寓書，並緘藥物。今年冬，同門陸大田編修嘉穎郵致先生手帖，告用聞之喪。方擬遺吊，而忽聞哀赴，胡天不憖遺一老，以爲邦國典型、爲後進師承耶？傷哉！某羈宦北海，行日以惰，學日以荒，念母老，將歸省。道金陵，敬問先生起居而請益焉，而今無及矣！爰述多年受教顛末，附傳後，以當哭諸寢。至先生之質行介節，門人自能紀所聞見，故不具述。乾隆十四年十一月十五日謹記。

錢儀吉碑傳集卷二十五

方苞

錢林

方苞，字靈皋，桐城人，移居江寧，學者稱望溪先生。少下筆爲古文即工，遊京師，鄞萬斯同奇之，告之曰：「勿讀無益之書，勿爲無益之文。」苞終身誦之，以爲名言，遂一心窮經，通志堂九經，徐氏所雕，閲之三過，爲文益峻潔。姜宸英編修見所作，歎曰：「後來之秀也。」康熙中成進士，以奉母未釋褐。族人方孝標坐悖逆誅，並繫苞。安溪李光地力救之，得免死，隸旗下，以白衣直禁廷。閒以所見陳於光地，當今某事當行，某事害於民當去，多見施行。世宗即位，免旗籍，將除司業，以老病辭。九年，竟授中允，許扶杖上殿，再遷爲侍讀學士。孫嘉淦尹京兆兼祭酒，聲望甚美，坐事下獄，苞謂大學士鄂爾泰曰：「孫侍郎以非罪死，公亦何顔坐中書矣！」嘉淦卒得免。尋遷内閣學士。時眷注優渥，有大議得即家上之，免上直。乾隆初元，遷禮部侍郎，時時引對，廷臣忌之，每除授及處分事，皆指爲苞所密陳議者。謂遇事强聒令人厭，然其堯舜君民之志殊可重也。有惡苞者一日與爾泰論近世人物，爾泰歎曰：「人固未易知也。」惡苞者曰：「其方侍郎乎！」總河高斌未貴，素爲苞所知；及總督河道，違衆議，開毛城鋪，臺省争之，有逮繫者。苞白大學士徐元夢：「聖朝不應以言罪言官。」元夢上請，即日出之。苞又具疏陳斌之愎，恐僨河事。斌大恨，上言苞有門生在河上，嘗以書密囑，當罪。高宗不直苞，念其老，方以病請，許其致仕，仍領書局。會庶吉士散館，同官伺苞，謂有所私，發其事，遂免官，領書局如故。久之，以侍講銜歸里。苞素勁直，事又率意，後進之士挾卷求見者，必問曰治何經、所得何説、學誰氏之文，有不能對者，輒愀然不樂，戒其勿徒事馳騖，年少名盛者多畏之。江陰楊名時、河間魏廷珍以講學相知契，甚推敬之。臨川李紱，每議論不合，齗齗争之，退而未嘗不交相許也。雅重太原孫尚書，曰：「殆今世第一流乎！」及太原進冢宰，稍疑之，歎曰：「知人之難也諒哉！」嘗請以睢州湯斌從祀孔子廟庭，時爲部議所格。苞殫心三禮之學，晚年七治儀禮。年八十，日坐城北湄園，修改不已。次爲春秋，學皆有成書。荀子、管子别有删定本，皆行於世。

錢林文獻徵存録卷四

桐城方先生（節選）

唐鑒

先生諱苞，字靈皋，號望溪。進士，官至禮部侍郎。窮究經史，而於三禮考核尤精。通千古盛衰得失之故，辨歷代離合異同之言，以藴蓄鬱積，而宣之于文。其爲文也，簡而中乎理，精而盡乎事，隱約而曲當乎人情，大抵根柢于史氏，而遊泳乎韓、歐者也。今録其言，學者亦可知先生之所自來矣。

……

先生尚節概，表幽隱，喜交天下士，而于學術則獨守程、朱。有友王源昆繩，恢奇人也，所慕惟漢諸葛武侯、明王文成，而目程、朱爲迂闊。謂使百世以下聰明傑魁之士，沉溺於無用之學而不返，是即程、朱之罪也。先生作而言：「子毋視程、朱爲氣息奄奄人。觀朱子上孝宗書，雖晚明楊、左之直節無以過也。其備荒浙東、安撫荆湖，西漢趙、張之吏治無以過也。而世不以此稱者，以道德崇閎，稱此轉渺乎其小耳。吾姑以淺事喻子，非其義也，雖三公之貴，避之若浼。子之所能信于程、朱也，今中朝如某某子，夙所賤惡，倘一旦揚子于朝，以學士或御史中丞徵子，將亡命山海而義不反顧乎？抑猶躊躕不能自決也？吾願子歸視妻孥，流行坎止，歸潔其身而已矣。」昆繩自是終其身，口未嘗非程、朱。先生以此語載之李剛主墓誌，並云：「余出刑部獄，剛主來唁，以語昆繩者語之。剛主立起自責，取不滿程、朱語載經説中已鐫版者，削之過半。因舉習齋存治、存學二編未愜余心者告之。隨更定，曰：『吾師始教，即以改過爲大。子之言然，吾敢留之爲口實哉！』」先生所著，有禮記析疑、周官集注、春秋通論、望溪集。

唐鑒學案小識卷七

重修安徽通志方苞傳

何紹基

方苞字靈皋，桐城人，上元籍。康熙丙戌進士，未廷試，聞母疾，遽歸，旋丁父憂。五十年，以戴名世案論斬，蒙恩赦宥，隸旗籍，命直南書房，蒙養齋，恭核御製樂、律、演算法諸書。世宗登極，加恩出旗籍。假歸葬母，還授左中允，洊升内閣學士，命教習庶吉士，充一統志總裁。高宗嗣位，方欲追踐古禮，行三年喪，詔群臣議。苞欲復古人以次變除之制，具條其議，禮部尚書魏廷珍上之，格不行。乾隆元年，命選有明與國朝制藝。疏陳地丁四月完半之害，請復舊制。又言歲饑當令有司得發倉粟平糶，勿拘常制。又言河南祥符等五十州縣，自改折銀徵本色，民困不支，謂應折徵官爲采買。俱下部議行。又疏請凡遇水旱，五六月即當實報，七月中即核分數，災重者動帑金舉要工，壯者以工代賑，老弱計口授食，則易周而可久。又疏陳食貨豐耗之故，應飭官司督民樹畜，令紳士籌開水利，以裕其源；禁燒酒種烟，禁米出洋，以節其流。二年，遷禮部右侍郎，請矯除積習、興起人才，求主上勤心以察，依類以求；按實積久以磨礱之，信賞必罰以勸懲之，語尤切至。四年，以事落職，命在三禮館修書。周官義疏成，上留覽發刻。七年，以衰病乞解書局，賜侍講銜致仕歸。十四年卒於家，年八十二。

苞事親至孝，學務篤實，解經之書，莫不詳究。其説經皆推衍程、朱之緒，尤致力於春秋、三禮，其文嚴於義法，非闡道翼教、有關人倫風化不苟作，至今言古文者多宗之。所著有周官辨、周官集注、周官析疑、禮記析疑、喪禮或問、儀禮析疑、春秋通論、春秋直解、春秋比事目録、左傳義法舉要及望溪文集，又删定管子、荀子、史記注補正、離騷正義、删定通志堂宋元經解，而奉命所纂之書不與焉。舊志儒林，茲采年譜及先正事略增修並移。咸豐初年，巡撫蔣文慶題準祀鄉賢祠。祀典徵實新增。

重修安徽通志卷一百七十七

方望溪侍郎事略 兄舟

李元度

望溪先生姓方氏，諱苞，字靈皋，江南桐城人，寄籍上元。曾祖象乾，廣西副使，明末居江寧。父仲舒，字逸巢，以遺逸名，與黄岡杜濬、杜岕、同里錢澄之、族祖文相唱和。公生四歲，父口授諸經。嘗早起，以「雞聲隔霧」命對，即應曰「龍氣成雲」。偶竊效爲詩，父恐耗有用之心力，止之，遂絶意不復作。家貧甚，日嘗不再食。兄舟爲講諸經注疏，相與博究群書，更相勖以孝弟。弟林早夭，公以弟服未終，過時不娶。父母趣之，時弟喪已七閱月矣，公入室而異寢者旬餘，族姻大駭，乃勉成婚，猶終身病之。遊太學，李文貞公見公文，嘆曰：「韓、歐復出，北宋後無此作矣。」時公卿争相汲引，公非先焉不往。萬徵士斯同語公曰：「子於古文，信有得矣。然願子勿溺也！唐、宋諸家，惟韓愈氏於道粗有明，其餘資學者以愛玩而已，於世非果有益也。」公輟古文之學，壹意窮經，自此始。凡先儒解經之書，公一一詳究，乃知窮理之精，未有如宋五子者也，遂深嗜而力探焉。姜西溟宸英、王崑繩源嘗與公論行身祈嚮，公曰：「學行繼程、朱之後，文章在韓、歐之間，其庶幾乎！」

康熙三十八年己卯，領鄉試解額。辛巳，百川卒。執喪過禮期，猶不復寢，父曰：「親親有殺，與父在爲母無别矣。」丙戌成進士，未廷試，聞母疾，遽歸。李文貞馳使留之不得。夫人蔡氏卒，熊尚書一瀟欲妻以女，其子本，公同年生也。公語本曰：「某家法，亡妻偕娣姒，日夙興，精五飯酒漿，奉卮匜二親左右。貴家女能之乎？」本咋舌而止。丁亥，丁父憂。公以母老疾，酌禮經，築室宅西偏，奉母三年，不入中門。

辛卯冬，南山集禍作。初，宗人方孝標，故翰林失職，遊滇中陷賊而歸，怨望，著滇遊紀聞，語多悖逆。同邑編修戴名世著南山集，多采其言，姓而不名，人遂以爲公也。集序復列公名，會都御史趙公申喬疏劾南山集孑遺録有大逆語，部擬名世極刑，公牽連，被逮下刑部獄。及訊知語出孝標，吏議以孝標已死，乃取其五服宗人，將行房誅之刑，長繫公以待命。公在獄，著禮記析疑及喪禮或問。金壇王編修澍間入獄視公，至則解衣般礴，諮經諏史，旁若無人。同繫者或諷曰：「君縱忘此地爲圜土，身負死刑，奈旁觀姍笑何？」爰書上，同繫者皆恟懼，公閱禮經自若。或厭之，投其書於地曰：「命在須臾矣！」公曰：「朝聞道，夕死可也。」獄詞五上，聖祖矜疑，李文貞亦力救之，遂蒙恩宥。

癸巳，出獄，隸漢軍。聖祖硃諭武英殿總管曰：「戴名世案内方苞，學問天下莫不聞，可召入南書房。」遂命撰湖南洞苗歸化碑文。越日，命作黄鐘爲萬事根本論及賦一。每奏御，聖祖輒嘉賞曰：「此即翰林中老輩兼旬就之，不能過也。」命以白衣入直南書房，尋移蒙養齋，編校樂、律、曆算書。公與徐文定公承修樂律，上命與諸皇子遊，自誠親王以下皆呼之曰「先生」。時誠親王爲監修官，性嚴，承事者多被譙呵。公遇事持正，王敬之，延爲王子師。公南面坐，移王子坐東嚮，始就講。當是時，李文貞在閣，徐文定爲總憲，皆夙重公；與聞機務，公時以所見盡言相告，多見諸施行。壬寅，充武英殿總裁。

癸卯，世宗以覃恩，首免公旗籍。詔曰：「朕以方苞故，宥其全宗，苞功德不細矣。」時朱文端來定交，謂公曰：「子乃鄭公孫僑、趙樂毅之流也。」公示以周官餘論十篇之三，文端持至上書房手録之，嘆爲當世異人。又以周官析疑、春秋綱領二書示蔡文勤曰：「周情孔思，不圖二千年後，乃有如親受其傳指者也！」甲辰，以葬母假歸。乙巳還朝，召見，弱足不任行，命二内侍扶掖至養心殿，顧視嗟嘆久之，有「先帝持法，朕原情，汝老學，當知此義」之諭，賜芽茶二器，命仍充武英殿總裁。庚戌，詔大臣各舉學行之士，當事問公，公舉南昌龔纓、歙佘華瑞、嘉善柯煜、淳安方粲如應之。秋，疾作，命諸子曰：「昔弟林疾革時，余因異疾，醫者令出避野寺，致不獲視含殮。死當袒右臂入棺以自罰。」辛卯，授左中允，遷侍講，晉侍講學士。時孫文定嘉淦方以刑部侍郎尹順天兼祭酒，挺勁不爲果親王所容。有客自朱邸來，授公急奏，令劾之，即以公代。公拒不可，其人怵以禍，公誓死辭。不數日，有劾孫公婪贓者，遂下獄。公謂鄂文端曰：「孫侍郎以非罪死，公復何顔坐中書！」於是孫公卒得免，王亦不以是有加於公也。癸丑，擢内閣學士，以足疾辭，詔許免趨直，仍專司書局，有大議，即家上之。尋教習庶吉士，充一統志總裁，命校訂春秋日講。

乙卯九月，高宗嗣位，有意大用公。時天子大孝，方欲追踐古禮，行三年之喪，詔群臣詳稽典禮，王大臣令禮部魏尚書廷珍偕公議。魏公，公石交也，公因欲復古人以次變除之制，内外臣工各分等差爲除服之期。魏公上其議，大臣有不便者，遂格不行，魏公亦以此不安其位。公時領武英殿書局，請於親王，就直廬持服，未再期不敢出。所教習庶吉士二十七日内齋宿館舍，無敢飲酒食肉者，他部院未嘗有也。公念受三朝恩厚，起罪廢，洊列卿貳，當以國士報，乃疏陳田文鏡所定地丁四月完半之害，請復舊制；又言歲饑當令有司得擅發倉粟平糶，勿拘存七糶三常制；又言河以南祥符等五十州縣共徵米十三萬六千七百石有奇，康熙初改令折銀，自田文鏡改徵本色，既遠水次，兼迫漕期，運價且十倍，民困不支，請仍舊折徵於衛輝水次，官爲採買。三疏俱下部議行。丙辰，命再入南書房，疏請凡遇水旱災，五六月即以實報，七月中旬即核定災傷分數並乏食人數上聞，災大者許動帑金修城浚隍，整葺倉廒官署，相度支河橋梁塘堰圩堤溝渠垣堡，使任浚築；惟老弱不能任土功者，乃計口授粟，則爲數無多，易周而可久。尋命選四書文頒示天下，充三禮義疏副總裁。又疏陳食貨豐秏之原，請禁燒酒、禁種煙草，飭佐貳官督民樹畜；禁粟米出外洋；令紳士相度浚築水道。

丁巳，遷禮部右侍郎，仍以足疾辭。詔免隨班趨走，許數日一赴部平決大事。公雖不常入部，而時奉獨對，一切大除授、大政事，往往諮公，多所密陳，在廷頗側目公矣。公復疏請矯除積習，興起人材，求皇上勤心以察之，依類以求之，按實積久以磨礱之，信賞必罰以勸懲之，其語尤關於主德隆替，及君子小人進退消長之所以然。是年秋，命教習庶吉士。

公嘗欲仿朱子學校貢舉議，分詩、書、易、春秋、三禮爲三科，而以通鑑、通考、大學衍義附之：詩、書、易附以大學衍義，春秋附以通鑑綱目，三禮附以文獻通考，各以疑義試士。朱文端及楊文定深然之，卒以違衆難行而止。至是仍欲發其端，乃請定庶吉士館課及散館則例，略言本科館選三十有六人，江浙、江西、湖廣數已三十，餘僅六人耳，豈志識才行之不若哉？以聲律詞章多未習也。請日後籍隸江浙、江西、湖廣、福建者，仍課以詩賦，餘專治本經義疏及通鑑綱目所載政事之體要。散館時，試以所專，課各二篇，其兼通者亦許自著所長而不相强。庶東南之士，益留心於經濟之實用，而河北五路及遐方之士，亦不至困於聲律之未諳。使天下知政事、文學皆人臣所以自效，而政事所關尤重。疏下，諸臣議格不行。又疏言會議時，九卿中有異議者宜並列，上候聖裁；其詹事、科道宜與九卿會議，各抒己見，得專達。又請以湯公斌從祀孔廟，熊公賜履、郭公琇入祀賢良祠。又請定孔氏家廟祀典，補祀先聖前母施氏，皆格於廷議。

初，公在蒙養齋，與河督高君共事。既而高違衆議，開毛城埔，舉朝争之不能得，臺省二臣竟以是下獄。公言於徐文定，文定上言，不當以言罪諫官，上即日釋之。公復具疏力陳河督之愎，河督入對，上以疏示之，大憾，思傾公。禮部薦一貲郎入曹，履親王董部事，已許之矣。公以故事禮部必用甲乙科，不肯平署，王亦怒。會新拜泰安爲輔臣，召魏尚書廷珍爲總憲，忌者争相告曰：「是皆方侍郎所爲也！」以後有疏下九卿議，輒合口梗之。於是河督言公有門生在河上，嘗以書託之，上稍不直公；而部中又有挺身爲公難者。公自知孤立，以老病請解侍郎任，許之，仍以原銜食俸，教習庶吉士。

己未，充經史館總裁。衆以上意未置公也，屬庶常散館，公請補後到者試，忌者劾之，謂公有所私。遂落職，命仍在三禮館修書。而編修吴紱者，公所卵翼以入書局也，至是盡竄改公之所述，力加排詆，聞者駭之。然上終思公，屢顧左右大臣言：「方苞惟天性過執，自是而非人，其設心固無他也。」吏部推祭酒，上沈吟曰：「是官應使方苞爲之方稱職。」旁無應者。辛酉，周官義疏成，上留覽兼旬，命發刻，一無所更。

壬戌，年七十有五，以衰病求解書局，賜侍講銜歸里，杜門謝客。江督尹文端三踵門求見，以疾辭。又以先世未還葬，不遑家居，寄食僧舍中，葬乃返。始建宗祠，定祭禮，作祠規、祠禁，設祭田，以其餘周子姓窶艱，及嫁娶喪葬之不能舉者。明年，就醫浙東，作雁蕩天姥之遊。安徽布政使李公學裕未受篆，屏騶從造門。學使尹公會一徒步操幾杖造門，皆執弟子禮。公畏人疑詫，乃掃墓繁昌避之。己巳秋，儀禮析疑成。公以此經苦難讀，注疏多膚淺，七十以後，每晨起，必端坐誦經文，積日夜思之，凡十易稿，乃就。八月十八日卒，壽八十有二，時乾隆十四年也。疾革，數舉右手示子孫，申袒臂之命，從之。

公貌怯瘦，身長，面微有豆斑，目光照人如電。生平言動必準禮法，事親至孝，父嘗曰：「吾體未痛，二子已覺之；吾心未動，二子已知之。」赴詔獄時，母老疾多悸，乃詭言奉召入都，不得頃刻留。逾年事解，迎養京邸，母夫人尚不知也。所著喪禮或問足撥人心昏蔽，士友感而服行者多終身。遇父母兄弟忌日必廢食；得任子恩，授兄子道永。誡子姪每遭期功喪必準古禮，宿外寢。居家，客至，必令子弟奉茶侍左右；或宴會，則行酒獻肴，示長幼之節。母夫人尤嚴正，嘗遘疾，天子賜醫，醫曰：「法，當視面按脉乃復命。」母曰：「我雖老婦人也，可使醫者面乎！」公曰：「君命也。」母閉目，命搴幃，顔變者久之。既而曰：「聖恩良厚，繼自今，勿使吾疾更上聞矣！」公於辭受取與無所苟。金陵王生以金贄，介某姻求來學，公即以金贈某姻。亡何，王生卒，因自出金如其數賻之，不使某姻知也。有富人乞題喪主，饋重金，嚴拒之。其自視常若下於恒人，視隸圉臧獲愛親敬長，一事一言之善，輒反躬自責愧不能行。有以過規，則誠心德之。與朋友責善亦甚嚴，嘗面折人過，多人所難受。自爲諸生即名動京師，雖在難時，王公皆嚴憚之。遇宦達者，必以吏疵民瘼、政教得失相責難，而時引古賢大節相砥，未嘗一及於私。李文貞以直撫入相，公問：「自入國朝，以科目躋兹位者凡幾？」文貞屈指得五十餘人。公曰：「甫六十年而已得五十餘人，其不足重明矣！願公更求其可重者。」時魏公廷珍在坐，退而曰：「斯人吾未前見，無怪人多不樂聞其言也。」座師高廷尉初度，公方爲諸生，壽以文，引老泉上富鄭公書，以循致高位而碌碌無所成爲懼，觀者大駭。廷尉曰：「吾正欲諸公聞天下之正議也。」後進有請業者，公必問所治何經，所得何説，所學誰氏之文，蓋有負盛名而舌撟汗下不能對一詞者，公輒愀然不樂。公論學一以宋儒爲宗，其説經皆推衍程、朱之學，所尤致力者，春秋、三禮也。論文嚴於義法，非闡道翼教、有關人倫風化，不苟作。凡所涉筆，皆有六籍之精華寓焉。讀其文，知其篤於倫理，有中心慘怛之誠，蓋皆其宅心之實，與人之忠，隨所觸而流焉者也。素不喜班史及柳文，條舉所短而詆之，人或以爲過，而公守其説彌篤。嘗謂自南宋以來，古文義法不講久矣。吴越間遺老尤放恣，無一雅潔者。古文不可入語録中語、魏晉六朝人藻麗俳語、漢賦中板重字法、詩歌中雋語、南北史佻巧語，世以爲知言。所著有周官辨、周官集注、周官析疑、春秋通論、春秋直解、禮記析疑、喪禮或問、儀禮析疑、春秋比事目録、左傳義法舉要、删定管子荀子、史記注補正、離騷正義、删定通志堂宋元經解及望溪文集行於世。

兄舟，字百川。年六七歲，讀左傳、太史公書，遇兵事輒集録置袷衣中，議其所由勝敗。暇則之大澤，與群兒布勒左右爲陣法。時三藩逆亂，比邑旱蝗，憂之或廢寢食。與弟望溪攻時文。寄籍上元，爲諸生，遂以文名天下。北平王源、邑子宋潛虛、宿松朱書自負經世略，時就先生辨論。先生嘿無言，退謂望溪曰：「諸君子口談最賢，非以憂天下也。」性孤特而内行篤修，服勤盡瘁。父逸巢嘗語人曰：「視於無形，聽於無聲，此子庶近之。」嘗東遊，登萊，觀滄海，北過燕市。韓文懿公見其制舉文，歎曰：「此於三百年作者外自成一家者也。」爲序而行之。遘疾歸，自知不起。卒之夕，强言笑，戒望溪奉二親就寢，曰：「命盡矣，恐記吾音容增悲惘也。」妻子環哭，喻使退，曰：「君子以齊終，吾獨宜死弟手。」且曰：「吾兄弟當共葬一丘，不得以妻祔。」先數日，悉焚所論著，僅廣師説一篇存文懿所。文懿曰：「雖退之莫能尚也。」望溪治古文，詁諸經，皆先生發其端。卒年三十有七，祀鄉賢。

李元度國朝先正事略卷十四

方望溪先生傳

馬其昶

方先生諱苞，字靈皋，號望溪。曾祖按察司副使，諱象乾，避亂居江寧。祖諱幟，歲貢生。父諱仲舒，號逸巢，國子監生。與黄岡杜茶村兄弟、同縣錢飲光友善，箸詩三千餘篇。三子，長百川，次先生，皆有大名。先生官至侍郎矣，而海内學者言德行、文章、經術三者，必推先生，故皆稱望溪先生。

先生少貧厲學，安溪李公光地、長洲韓公菼見其文，盛相推挹，稱爲北宋後無有。年三十二，始舉江南鄉試弟一。逾七年，爲康熙四十五年試進士弟四，且廷試，朝論翕然期其一甲。聞母疾，遽歸，李公馳使止之，不可。丁父憂，尋坐爲編修戴名世序南山集，南山集悖逆，逮下刑部獄。在獄二年，著禮記析疑、喪禮或問。獄具，論死，上曰：「方苞學問，天下莫不聞，署勿論。」李公亦力救之。出獄，隸籍漢軍，命白衣入直南書房，撰文稱旨。移蒙養齋，編修樂、律。上命與諸皇子遊，自誠親王以下皆呼爲「先生」〔二〕。充武英殿修書總裁。

世宗嗣位，赦還原籍。初，蒙恩出獄，即迎母致養。母喪，還葬，服除，授左中允，再遷翰林院侍講學士。孫公嘉淦以刑部侍郎爲順天府尹兼祭酒，以勁直見忌。有自王邸來，屬先生劾奏，即以代；不然，與同禍。拒不可。數日，孫公竟被劾下獄。先生言於文端公鄂爾泰曰：「孫侍郎以非罪死，公復何顔坐中書！」文端爲解乃免。十一年，擢内閣學士，充一統志總裁，校訂春秋日講。高宗登極，將追踐古禮，行三年之喪，詔群臣詳議。先生因欲復古以次變除之制，臣工分差等除服，禮部尚書魏公廷珍上其議，大臣或不便，事寢。先生時領書局，就直廬持服，未

〔二〕「誠親王」，原作「成親王」，據李元度方望溪侍郎事略改。

再期不出。所教習庶吉士二十七日内齋宿館舍，無敢飲酒食肉者，他部院未能也。時田文鏡方得上眷，先生奏文鏡定徵收地丁銀限四月完半、十月訖，無益國課，而農民苦累，請寬期六月完半、訖十一月，仍舊便。又請歲饑，有司得擅發倉穀平糶，勿拘存七糶三之例，皆議行。尋命選録明以來四書文頒天下，爲士子程式。充三禮義疏副總裁。

二年，遷禮部右侍郎，以足疾辭，詔數日一赴部平決大事，又時奉獨對。上方有意大用，而先生亦思以經術飾治，自初直南書房時，安溪李公方在閣，徐公蝶園爲總憲，遇朝政得失，輒啓告二公，引義侃侃。二公夙重先生，雖不能盡從，未嘗不欽其高論。至是，益感三朝恩厚，起罪廢，列卿貳，求所以爲不世之報。奏言通計古今食貨之源，見民生所由日就匱乏者數端，因請禁燒酒、禁種煙草、禁粟米出外洋，飭佐貳官督民樹畜，紳士相度濬水道，十年後可致饒給。又奏請矯除積習，興起人才，願皇上以時延見廷臣，別其邪正，明示好惡，取人必以其類爲招，凡九卿督撫中深信其忠誠無欲者，悉命舉其所知，繼以試驗，破瞻徇、繩贓私、加廉俸久任，其聲績茂著者，則時賜金帛、進爵秩。而尤以六部之職，各有其實，非獨循例奉法而已，必慎簡卿貳，各責以實，使日夜訓厲其僚屬，隨時進退之，則中材咸自矜奮，其指如此。當時以其言迂闊，不甚偉異也。又嘗欲仿朱子學校舉貢議，分經史爲三科，詩、書、易附大學衍義，春秋附通鑑綱目，三禮附文獻通考，以疑義課士，不能行。及教習庶吉士，因請改定館課及散館則例，仍議格不行。

初，河督某故與先生善。其後違衆開毛城鋪，臺省争之，至下獄。先生奏河督之愎，河督大恨。禮部薦一貲郎入曹，親王莅部，許之。先生以故事禮部必甲乙科，不肯平署，王亦怒。會新拜泰安爲轉臣，召尚書魏廷珍爲總憲，或謂是皆方侍郎所爲，由是忌者日衆。凡所陳奏，皆合口梗之。河督因劾方某嘗手書托致其門生河上事，上意稍不直之。先生自知孤立，乞解任，許之，仍教習庶吉士，充經史館總裁。及庶常散館，先生請補後到者試，遂被劾徇私，坐免，仍在三禮館修書。先是，高安朱文端公疾革，謂先生曰：「子性剛而言直，吾前於衆中規子，謂子幸衰疾，於世無求，假而年減一紀，尚有國武子之禍，欲諸公諒子之無他，而不以世情相擬耳。賓實既殁，吾病不支，子其懼哉！」賓實者，楊公名時字也。先生竟以是廢。

及周官義疏成，以衰疾求解書局，賜侍講銜歸里。建宗祠，定祭禮，作祠規、祠禁，設祭田，以其餘周子姓艱窶，婚喪之不能舉者。年八十有二，卒，祀鄉賢。

先生爲學一本宋儒程、朱之説，以求之遺經，尤究心春秋、三禮。以謂禮者，先王磨礲德性，而起教於微眇，使人益深于人道。若夫考世變之流極，窺聖心之裁制，則春秋之義具焉。自少以至篤老，無一日不讀經。其治經，不爲苛細小辨，詳誦本經及傳注，而求其義理于空曲交會之中。篤于倫紀，其立身一依禮經，遇忌日，必廢食；遭期功喪，必準古禮宿外寢。以弟椒塗亡，病未視斂，終身恨之。且卒，遺命袒右臂自罰。

先生長身怯瘦，面微有瘢痕，目視若電。厲言正色，後生憚，不敢見。安溪李公入相，先生問：「自國朝以科目登兹位者幾人？」公屈指五十餘人。先生曰：「甫六十年而至五十餘人，其不足重明矣。願公更求其可重者。」時魏公廷珍在坐，退而曰：「斯人吾未前見，無怪人不樂聞其言也。」其論文嚴於義法，非扶道教、裨風化者不苟作。讀其文，知其深於經，有中心惻怛之誠。

其箸書曰周官集注十二卷、周官析疑三十六卷、考工記析疑四卷、周官辨一卷、儀禮析疑十七卷、禮記析疑四十六卷、喪禮或問一卷、春秋通論四卷、春秋直解十二卷、春秋比事目録四卷、詩義補正八卷、左傳義法舉要、史記注補正、删定管子荀子、離騷正義各一卷，奏議二卷、文集十八卷、集外文十卷、補遺四卷。又四卷删定通志堂宋元經解，二十年始畢，業未刊行，無傳本。

二子道章，字用闇，雍正十年舉人。有學行，早世。次道興，來孫恩露，字雨培，道光十二年副貢，就職州判。粤賊陷江寧，語家人曰：「吾受氣於天，受形父母，倘假賊手，是辱也。」乃先送母妻及子出城，而已復反。門外有方塘，適楊氏妹攜女先躍入塘，夏氏妹偕其夫溶繼之。因削竹，各書姓名，繫襟帶，具槀葬之。既畢，乃死。

馬其昶曰：先生最負天下大名，顧亦多謗議，至今有之。湘鄉曾文正公曰：「望溪古文辭爲清二百餘年之冠。其經術，雖乾嘉後諸家詆之，曾無損毫末。獨其經世之學，持論過高，同時自朱文端、楊文定數公外，多見謂迂遠。余弟國荃嘗擬疏請從祀孔廟，昔望溪于乾隆初請祀湯文正公未行，至道光三年，湯公果祀，望溪志行殆伯仲湯公，躋之兩廡無愧色。」湘鄉實近代知言君子，不妄許。而吾友鄭杲東父以其義猶未盡，推其經術深，而病其經世之學，將令天下終不用經術治世乎！凡先生之言，有可以經世者，其深於經術者也；有未可以經世者，其於經術猶疏者也。其論如此，余並著之。

馬其昶桐城耆舊傳卷八

清史稿方苞傳

方苞字靈皋，江南桐城人。父仲舒，寄籍上元，善爲詩，苞其次子也。篤學修内行，治古文，自爲諸生，已有聲于時。康熙三十八年舉人，四十五年會試中式，將應殿試，聞母病歸侍。五十年，副都御史趙申喬劾編修戴名世所著南山集孑遺録有悖逆語辭，連苞族祖孝標。名世與苞同縣，亦工爲古文，苞爲序其集，並逮下獄。五十二年，獄成，名世坐斬，孝標已前死，戍其子登嶧等。苞及諸與是獄有干連者皆免罪入旗。聖祖夙知苞文學，大學士李光地亦薦苞，乃召苞直南書房。未幾，改直蒙養齋，編校御制樂律演算法諸書。六十一年，命充武英殿修書總裁。世宗即位，赦苞及其族人入旗者歸原籍。

雍正二年，苞乞歸里葬母。三年，還京師，入直如故。居數年，特授左中允，三遷内閣學士，苞以足疾辭，上命專領修書，不必詣内閣治事。尋命教習庶吉士，充一統志總裁、皇清文穎副總裁。乾隆元年，充三禮義疏副總裁，命再直南書房，擢禮部侍郎。仍以足疾辭，上留之，命免隨班行走，復命教習庶吉士。堅請解侍郎任，許之，仍以原銜食俸。苞初蒙聖祖恩宥，奮欲以學術見諸政事，光地及左都御史徐元夢雅重苞，苞見朝政得失，有所論列。既命專事編輯，終聖祖朝，未嘗授以官。世宗赦出旗，召入對，慰諭之，並曰：「先帝執法，朕原情。汝老學，當知此義。」乃特除清要，馴致通顯。

苞屢上疏言事。嘗論常平倉穀例，定存七糶三，南省卑濕，存糶多寡，應因地制宜，不必囿成例。年饑米貴，有司請於大吏，定值開糶，未奉檄不敢擅自。後各州縣遇穀貴，應即令定值開糶，仍詳報大吏。穀存倉有鼠耗，盤量有折減，移動有運費，糶糴守局有人工食用，春糶值有餘，即留充諸費。廉能之吏遇秋糴值賤，得穀較多，應令詳明別貯，備歉歲發賑。下部議行。又言民生日匱，請禁燒酒、禁種煙草、禁米穀出洋，並議令佐貳官督民樹畜，士紳相度浚水道。又請矯積習、興人才，謂上當以時延見廷臣，别邪正，示好惡，内九卿、外督撫深信其忠誠無私意者，命各舉所知，先試以事，破瞻徇、繩贓私，厚俸而久任，著聲績者賜金帛，進爵秩，尤以六部各有其職，必慎簡卿貳，使訓厲其僚屬，以時進退之，則中材咸自矜奮。乾隆初，疏謂救荒宜豫夏末秋初，水旱豐歉十已見八九，舊例報災必待八九月後，災民朝不待夕。上奏得旨，動經旬月，請自後遇水旱，五六月即以實奏報。並言古者城必有池，周設司險，掌固二官，恃溝樹以守，請飭及時修舉。通川可開支河，沮洳可興大圩，及諸塘堰，宜創宜修，若鎮集宜開溝渠、築垣堡者，皆造册具報，待歲歉興作，以工代賑。下部議，以五六月報災慮浮冒，不可行；溝樹塘堰諸事，令各督撫籌議。

高宗命苞選録有明及本朝諸大家時藝，加以批評，示學子準繩。書成，命爲欽定四書文。苞欲仿朱子學校貢舉，議立科目程式；及充教習庶吉士，奏請改定館課及散館則例，議格不行。苞老多病，上憐之，屢命御醫往視。

苞以事忤河道總督高斌。高斌疏發苞請托私書，上稍不直苞。苞與尚書魏廷珍善，廷珍守護泰陵，苞居其第。上召苞入對，苞請起廷珍。居無何，上召廷珍爲左都御史，命未下，苞移居城外。或以訐苞，謂苞漏奏對語，以是示意。庶吉士散館，已奏聞，定試期，吴喬齡後至，復補請與試。或又以訐苞，謂苞移居喬齡宅，受請托。上乃降旨詰責，削侍郎銜，仍命修三禮義疏。苞年已將八十，病日深，大學士等代奏，賜侍講銜，許還里。十四年卒，年八十二。苞既罷，祭酒缺員，上曰：「此官可使方苞爲之。」旁無應者。

苞爲學宗程、朱，尤究心春秋、三禮。篤于倫紀，既家居，建宗祠，定祭禮，設義田。其爲文自唐、宋諸大家上通太史公書，務以扶道教、裨風化爲任，尤嚴於義法，爲古文正宗，號「桐城派」。

苞兄舟，字百川，諸生。與苞同負文譽，嘗語苞當兄弟同葬，不得以妻祔。苞病革，命從舟遺言，並以弟林早卒，未視斂，斂袒右臂以自罰。

趙爾巽等清史稿卷二百九十

方苞事記

瀝陳被誣始末疏（節選）

康熙五十一年　張伯行

六款誣臣「與進士方苞友善，延請在署著書，已非朝夕。」昨刑部行文，查提方苞並南山集刻板，並未差一員一役提拏。且南山集刻板，藏于蘇州寶翰樓沈明玉家印行。方苞著書伯行署内，張伯行豈得諱曰不知」等語。查上年十月三十日酉刻，部差筆帖式王六齎到刑部等部諮文，嚴拏方苞、尤雲鶚解京。時值前任按察使焦映漢在蘇，臣即飛傳該司，並委蘇州府知府孟光宗飛騎前往江寧，會同該府知府劉涵密行嚴拏，眼同王六在坐，差遣並經諮會。督臣噶禮各在案續，於十一月初五日據該司府呈報，拏獲方苞，並獲雲鶚之兄尤雲鵬。臣隨繕給諮文，於初六日專差蘇州府庫官王鴻齎交江寧府知府劉涵，將已獲方苞及尤雲鵬一併轉交筆帖式王六解部，並經諮明刑部。此係有案可考，及筆帖式王六可詢，何誣臣並未差一官一役提拏？其刑部諮取戴名世、方雲旅兩家所藏滇黔紀聞書並刻板，查臣衙門未准有此案部文，而督臣噶禮于署安撫任内准到部諮，亦未移會臣衙門，迨於桐城縣戴名世、方雲旅兩家搜查無獲。

據方雲旅供出刻板在江寧伊故弟方溥家，始准部臣諮會。臣即刻專差飛檄臬司並江寧府，督同該縣印捕各官嚴加搜查。又檄江蘇按察使焦映漢，會同安徽布政使馬逸姿公同會訊究追，嗣據詳覆。南山集等書刻板，已經方苞交出，並未有藏於蘇州寶翰樓沈明玉家之語。現有諮部原案可查，何誣臣隱諱？

張伯行正誼堂文集卷二

甲午如京記事

李塨

壬辰，聞方靈皋以戴田有事被逮。癸巳，事解。抵今甲午十月，乃過存。七日，抵京師，知靈皋供應暢春苑，纂修樂律。以母病，告假在都。八日，候之，假滿已返。十一日復詣，奉太夫人藕粉，將登堂拜，而靈皋適前一日來，聞予聲，趨出，愴然互拜，曰：「苞乾坤罪人，老母病癱，不能頃刻離苞，而苞必不能常侍，奈何？」問曩事，靈皋曰：「田有文不謹，予責之，後遂背予梓南山集，予序亦渠作，不知也。」難前，梦先君至，苞抱之，乃血袋，中空。無何，難遂作，皆苞無實盜虛所致。憶癸未塲後，先生曰：『名，禍階也。』今先生安居奉母，而予若兹宜矣！」已而論禮，予謀卜夜，靈皋曰：「敝寓無容膝地，比鄰劉君可借榻。但先生攜襆被來耳。」黄昏往，靈皋問過曰：「苞居先兄喪，逾九月，至西湖，暮遇美姝，動念。先君逝，歠粥幾殆，母命食牛肉數片。期後欲心時發，及被逮，則此心頓息矣。何予之親父兄不如遭患難也！禽獸哉！」予曰：「自訟甚善，特是三年之喪，天動地岋，雖屬大變，乃人所共有。哀一殺，身一惰，則雜念起，故魯論曰：『喪事不敢不勉。』儀禮曰：『夙興夜處，小心畏忌，不惰其身，不寧。』今舉族北首，老母流離，身陪西市，幾致覆宗，其與居喪常變又殊，故情亦殊也。」又問曰：「心動矣，性忍矣，遇事不能咄嗟立辦，能何由增？王崑繩嘗誨我曰：『不能辦事，幼習程、朱之過也。』豈迂腐非變故所能移與？」又曰：「老母日迫罪戾，滋加憂之，奈何？」予曰：「先生請以敬，勿以憂。舜遭人倫極變，而夔夔齊慄，惟將以敬，敬則心有主，敬則氣不耗，不能可益，患難可平，禍外加憂，何解於禍？此聖賢常人之分也。」靈皋起謝。

楊舉人三炯，紹興人，倜儻有才。入座，則靈皋爲母通州購杉板，患中梗，而楊倜然任之也，左右靈皋難，如兩手。靈皋曰：「楊君視予難，予感之。先生不視予難，予尤感之。昔左浮丘下廠獄，史道鄰與獄吏五十金入省。浮丘左膝以下筋骨盡脱，仰負南壁，面目焦爛。道鄰入抱嗚咽，浮丘以指揞目曰：『乃爾耶，此何地？汝至也，摩磚將擊之。』道鄰趨出。及後以鳳廬道危，厲治兵，江上禦流寇，曰：『吾一不敢負君，一不敢負浮丘先生也。』先生爲聖道傳人，予近考禮，若成，先生其傳諸！」語楊曰：「予讀顏習齋先生年譜，入李恕谷廁，見矢堆糠粃。崑繩嘗曰：『顏、李食麤衣垢，繭手塗足，吾不能學也。』予曰：『此謀道之根抵也，宜共學。』」因言「妻遭親喪，夫不入內」、「降服，降其文，不降其實」諸禮。時起視母，僬僬瞿瞿，孝友溢于須臾。延醫至門，方奉匕，愬如也。

劉君，淮安劉公文起之子。選廣東令，未行，出拜，問心性、儒與釋老何分。予曰：「居敬，儒也。主靜，釋老也。肅九容以戒不覩不聞，儒也。嗒然若喪，釋老也。」次早，靈皋謂：「昨與總裁徐公元夢曰：『李恕谷諳律呂，不問，而謀及愚謭乎？』有同事魏、王二辭林，曰：『李某以老病，春官且不能赴，而能堪此乎』！可謂善處先生矣。」乃別去，抵里。思天下師友之助，落落如晨星。今晤靈皋，接其孝友，砭我浮薄。挹其切偲，剷我冷峭。立品嗜學，顑頷不變，以予之衰憊廢棄，視之不面赤而汗出哉！爰識之，以當弦韋。

李塨恕谷後集卷三

江浙兩大獄記（節選）

全祖望

本朝江浙有兩大獄，一爲莊廷鑨史禍，一爲戴名世南山集之禍。予備記其始末，蓋爲妄作者戒也。

……

桐城方孝標嘗以科第起官至學士，後以族人方猷丁酉主江南試，與之有私，並去官遣戍。遇赦歸，入滇受吴逆僞翰林承旨。吴逆敗，孝標先迎降，得免死，因著鈍齋文集、滇黔紀聞，極多悖逆語。戴名世見而喜之，所著南山集多采録孝標所紀事，尤雲鶚、方正玉爲之捐貲刊行。雲鶚、正玉及同官汪灝、朱書、劉巖、余生、王源皆有序，板則寄藏於方苞家。都諫趙申喬奏其事，九卿會鞫，擬戴名世大逆，法至寸磔，族皆棄市，未及冠笄者發邊。朱書、王源已故，免議。尤雲鶚、方正玉、汪灝、劉巖、余生、方苞以謗論罪絞。時方孝標已死，以戴名世之罪罪之，子登嶧、雲旅、孫世樵並斬，方氏有服者皆坐死，且剉孝標尸。尚書韓菼、侍郎趙士麟、御史劉灝、淮揚道王英謨、庶吉士汪份等三十二人並别議降謫。疏奏，聖祖惻然，凡議絞者改編戍，汪灝以曾效力書局，赦出獄，方苞編旗下，尤雲鶚、方正玉免死，徙其家。方氏族屬止謫黑龍江。韓菼以下，平日與戴名世論文牽連者俱免議。是案也，得恩旨全活者三百餘人，康熙辛卯、壬辰間事也。

全祖望結埼亭集外編卷二十二

李元度

國朝先正事略補編

劉體仁，字公㦷，河南潁州人，順治乙未進士。歷官至吏部侍郎。……方苞少時，嘗以詩謁汪琬，琬訶之；呈王士禛，士禛亦不譽；以質公㦷，公㦷曰：「子以後不作詩，專力古文可也。」苞如其言，遂以文名天下。〔二〕

李元度國朝先正事略補編卷一

〔二〕錢林文獻徵存録卷十劉體仁所記與此略同，而卷二王士禛則云：「然人以詩文投謁者，必與盡言其得失，不稍寬假。桐城方苞少至京師，投以行卷，爲力言其與詩不相近。方後終身不作韻語也。」與此條記述不同，姑此存疑。

序跋

方靈皋稿序

戴名世

始余居鄉年少，冥心獨往，好爲妙遠不測之文，一則無知者，而鄉人頗用是爲姗笑。居久之，方君靈皋與其兄百川起金陵，與余遥相應和。蓋靈皋兄弟亦余鄉人，而家於金陵者也。始靈皋少時，才思横絶，其奇傑卓犖之氣，發揚蹈厲，縱横馳騁，莫可涯涘。已而自謂弗善也，於是收斂其才氣，濬發其心思，一以闡明義理爲主，而旁及於人情物態，雕刻鑪錘，窮極幽渺，一時作者，未之或及也。蓋靈皋自與余往復討論而相質正者且十年，每一篇成，輒舉以示余。余爲之點定評論，其稍有不惬於心，靈皋即自毁其稿。而靈皋尤愛余文，時時循環諷誦，嘗舉余之所謂妙遠不測者，仿佛想象其意境，而靈皋之孤行側出者，固自成其爲靈皋一家之文也。靈皋於易、春秋，訓詁不依傍前人，輒時有獨得。而余平居好言史法。以故，余移家金陵，與靈皋互相師資，荒江虚市，寂寞相對。而余多幽憂之疾，頹然自放，論古人成敗得失，往往悲涕不能自已，蓋用是無意於科舉，而唾棄制義更甚。乃靈皋嘆時俗之披靡，傷文章之萎薾，頗思有所維挽救正於其間。今歲之秋，當路諸君子毅然廓清風氣，凡屬著才知名之士，多見收採，而靈皋遂發解江南。靈皋名故在四方，四方見靈皋之得售，而知風氣之將轉也，於是莫不購求其文。而靈皋屬余爲序而行之於世。嗚呼！自余與靈皋兄弟相率刻意爲文，而侘傺失志，莫甚於余。迴首少時以至於今，已多歷年所。所謂冥心獨往者，至余猶或貽姍笑。今幸靈皋以其文行於世，而所謂維挽救正之者，靈皋果與有責焉，而百川之文，亦漸以流布於四方，則四方之士所賴以鼓舞振起，獨在方氏兄弟間，而余亦且持是以間執鄉人之口也。於是乎書。

錢仲聯主編歷代別集序跋綜録第一四五五—一四五六頁

原集三序

王兆符序

歲辛未，先君子與吾師及西溟姜先生同客京師，論行身祈嚮。西溟先生曰：「吾輩生元、明以後，孰是如千里平壤，拔起萬仞高峰者乎？」先君子曰：「經緯如諸葛武侯、李伯紀、王伯安，功業如郭汾陽、李西平、于忠肅，文章如蒙莊、司馬子長，庶幾似之。」吾師曰：「此天之所爲，非人所能自任也。學行繼程、朱之後，文章介韓、歐之間，孰是能仰而企者？」西溟曰：「斯言也其信！吾固知莊、馬之可慕，而心困力屈，終邈乎其不可即也。」先君子見朋好生徒，時時稱道之。兆符兒時即耳熟焉，既成童，遂命請業師門，迄今三十有三年矣。

雍正癸卯，兆符復至京師，懼吾師衰疾，請編年譜；手録春秋、周官説及望溪文集，乃知吾師於曩日，實身肩而力取之，而凡有志者，皆不可以自畫也。吾師質行、經學、古文，後世自能懸衡，兆符不敢置一辭，恐不知者，以爲阿其所好也。經説則始窺其樊，恐言之未有中。故叙次文集既終，敬識簡端，以俟後之君子。雍正癸卯秋八月望後三日，門人王兆符撰。

顧琮序

望溪方子，文學爲世所稱，而余與共事蒙養齋，入則合堂聯席，出則比屋同垣，晨夕居遊，無不共者，凡十有一年，始知其宅心之實，與人之忠。其於幼所誦經書，常陰取之以自繩削，而亦以望於人。故居人上者，必告以汰侈之召災；事人者，必戒以諂佞之失己；爲子弟者，則警以孝弟之易虧；將仕者，則數舉貪人覆轍愧遺父母妻子之醜。用此，不好善者聞之，皆陰忌以爲刺己；中人以下，亦苦其行之難而見謂不情。每薄暮歸寓，必以此日過言過行諮余，間爲發其禮義之過中者。常怵然爲戒，每自言：「於人紀中，無一不愧負此心者。」孔子云：「能見其過而内自訟。」以余所見，惟斯人而已。凡行有奇邪者，於衆中相接，不交一語，而朋友有過，則盡言不諱。雖久故相知者，或不樂聞其言。然以文學相推，則知與不知無異辭。噫！是誠知方子之學與其文者乎！

方子嘗語余曰：「吾少好文而不好學，故終老無成。顔子不遷怒，不貳過，而孔子許爲好學。使吾能以好文者好學，雖愚且頑，概乎必有得於身矣。」嗟乎！非學之篤，而能爲是言乎！

方子之文，乃探索於經書，與宅心之實，與人之忠，隨所觸而流焉者也，故生平無不關於道教之文。余共事時，愛而録之者十之四，郵致者十之二，姑就篋中所存，編而録之，異日當刊布，以示好方子之文而未知其學者。乾隆五年三月，混同顧琮撰。

程崟序

崟與北平王兆符皆以成童從學於先生，兆符治經書、古文，而崟攻舉子業。先生命之曰：「此術之成，非潛心經訓，而假道於八家之文，亦未易遠於俗也。」時崟於韓、歐之文，亦粗知好焉。厥後兆符自天津奉母南還，僑寓金壇，獨身就先生講問凡數年。歲時往來淮、揚，必發其篋，取所得先生經説古文而録藏之，然亦未暇究切也。

及康熙癸巳，先生盡室北遷。崟適成進士，謂自是可肆力於經書、古文。而先生給事海淀，崟拘綴部曹，往還甚艱；又公私促促，少有餘暇，惟流觀漢、魏、四唐人詩，與懶性相宜，而先生素不爲詩，所業未敢以請。及雍正五年，崟以老母倚門，告歸侍養，則又欲聞先生之謦咳而不可得矣。端居無事，乃更發所録藏而討論之，乃知先生之文，循韓、歐之軌迹，而運以左、史義法，所發揮推闡，皆從檢身之切，觀物之深而得之。不惟解經之文，凡筆墨所涉，莫不有六籍之精華寓焉。而先生學如不及，不知身之既老，每謂儒者著述，生時不宜遽出。

二十年前，崟嘗與二三同學刻周官集注於吴門，劉丈古塘刻喪服或問於浙東，龔丈孝水刻周官辨於河北。先生聞之，切戒「可示生徒，不可播書肆」。劉、龔二君子既殁，得其書者益稀；總督漕政御史大夫顧公惜之，復刻於淮南。每與崟言「先生經説，不可使沈殁」，間出所録先生古文，則其半皆未前見，以兆符早世，而崟久離先生之側也。

乾隆壬戌，先生告歸。崟請編定古文，多散在朋友生徒間，失其稿者十且三四。謹就二家所録及崟所得近稿，先録諸版，各從其類，而不敢編次卷數。俾海内同志知先生所作，無一不有補於道教，而苟有存者，不可不公傳於世也。乾隆十一年仲冬，門人程崟撰。

劉季高校點方苞集附録三

跋方望溪先生教忠祠禁

汪師韓

望溪先生年七十有五告歸金陵，建宗祠曰教忠，以其五世祖四川都司斷事諱法者死節於明建文朝，故云「忠」也。既參酌古禮以定祠規，又援周官，以鄉三物教萬民，以鄉八刑糾之，閭胥掌觵撻罰之事，立爲祠禁。所禁條例至約，獨於喪禮不御内加詳其言。古者三年之喪，非殯奠葬祭，夫婦不相見；語家事，必於中門之外，必以晝，不得入房室，犯者撻四十，婚嫁喪疾費不給。期三月，大功浹月，犯者撻三十，喪疾費不給。父母忌辰前五日，率子孫與奠者齋，宿外寢。祖父母、伯叔兄弟三日，高、曾二日，薦新俗節亦如之。撻罰與期大功犯禮者同。且也三年之喪期，不飲酒食肉，期浹月，大功終月，違者撻三十，罰不行。惟小功、緦麻，撻罰不及。條約成書，見者怪之，身後其子孫亦不能行，然其詞豈不至今閲之懍懍哉！先生爲少宗伯時，值國喪，所教習庶吉士二十七日之内齋宿館舍，無敢飲酒食肉者，他部院未嘗有也。先生好説禮服，先是，友人有在京聞訃者，先生往唁，諄諄以不内宿相勉，師韓習聞焉，而今復見遺書於身後也。嗚呼！禮教衰，人之良心日以澌滅，而一二鉅公達人務爲通侻，取悦於俗，寒門末學之士藉爲口實。倘皆得若先生執禮硜硜，安見無聞風愓厲者！即不肖如師韓，奉先生教，往丁内外艱，幸不陷於非禮。顧頻年爲客，期功之服、忌日之奠，愧不能盡行如先生説。夫世豈無讀先生書而笑其迂者，而亦必有讀之而其心愧耻，若撻於市，則其干城名教者大矣！

汪師韓上湖詩文編分類文編卷三

書方望溪周官辨僞後

黄達

周官一書，新莽篡漢、荆公亂宋，世皆疑古聖人制作，不善師其意而泥其法，遂足以釀禍家國，而貽天下萬世之口實。自望溪之論出，周公心事乃昭然大白矣。望溪周官辨僞二篇，歷舉經文之荒誕不可信者，謂一一與莽事相類，而斷以劉歆所竄入。大聲疾呼，使瞽聾盡起，誠哉爲功於經傳不小也。夫漢去周未遠，熙寧之世相隔二千餘年，周公立法之善，竟遭後人穿鑿附會而莫辨其非，豈不大可痛恨乎！抑知周官本無是法，以歆之顛倒五經，使學士疑惑一經。抉摘細玩，文義顯然可見。昔漢何休、宋歐陽修皆疑爲僞作，而未能指陳鑿鑿。得望溪辨僞，瓜分芋區，是非别白，足以立治經者準則也。

黄達一樓集卷二十

望溪集後

程晉芳

余十年以來，于近人詩，酷嗜錢塘厲樊榭；古文則服膺桐城方望溪。有余同志者，輒相與把玩背誦，擊節以爲快。其有異者，弗與深辨，竊心議其學之淺也。夫詩，有詩人之詩，有學人之詩，有才人之詩，而必以詩人之詩爲第一；文，有學人之文，有才人之文，而必以學人之文爲第一。蓋文以明道，指事叙情，必根諸道而言始無棄。唐韓、柳、李三家而外，非無奇峭奥衍之文，然皆使氣矜才，修飾字句，于道概未之聞也。南宋以降，迄乎元明，多能闡發理藴，而無淹博之學以振之，所謂言之無文，行且不遠。惟明歸震川之文，原本經術，而曲得事情。望溪則風骨陵峭，言言有物，折者二公而已。庚寅八月，過金陵，得望溪文增刻本，以校舊作，多百餘篇。九月上旬，興化丹山評閲三日而畢，覺所得又有過於前者。大抵望溪讀書本不多，其於史學涉躐尤淺，自三國志以下皆若未見，何論稗官野乘？惟熟於周、秦、漢之書，用力堅深，遂造詣及是。讀其文者，不可以其時露村學氣而忽略視之也。假令有人博極群書，返而歸之于約，其研鍊烹洗，亦如方子之深，所成就又當何若也？

程晉芳勉行堂文集卷四

春秋通論跋

程晉芳

春秋通論四卷，方苞靈皋撰。靈皋既著直解，别有通論，猶安溪既爲周易觀彖，又别成周易通論也。靈皋與張彝嘆友善，彝嘆長於春秋，故靈皋學得正宗。其論桓王伐鄭，微近東萊博議氣息，而義頗可存。論魯初於周朝聘不行，或使微者行，其説甚是。莊、僖、頃、惠王之崩不書，疑是闕文，而方謂非闕，此則當存參也。其於稱人稱名，謂初終詳略之異最確，於會盟諸條辨之尤晰。又謂公子翬等在隱公時不書官，非豫貶論，吴多殊會，因事訖，實非有别義。論齊姜當爲嫡，論王臣會盟征伐前書名後稱子之故，皆確有所據，而文筆古勁，尤説經家所難。近人皆輕視靈皋，謂其學自宋入手，如此等書，豈可束而不讀耶！惟論諸侯之兄弟盟聘帥師，非有官者則書兄弟，又謂王不稱天是貶辭，此則所未敢憑也。余别有春秋答問，間一辨之。古今説經之家，莫多於易、春秋。蓋易本難明，隨人置説；春秋體例繁多，各執一是，亦未易辨。若詩、書、三禮，典制斯存，故空腹之人，於易、春秋不難解。究之難明者，莫如易與春秋也。蓋易道甚大，而有不易之理，非通三才之故，不足以言易。春秋舍例則不足以言，執例又不可以言，有文異而例同者，有文同而例異者，最難著手。然在今日，則春秋之義大明，而易學明而復晦矣。由漢人學春秋者，體例本相亂，故近人得以宋學正之，漢易則自成一家，爲漢學者執之，以駁晉宋，以不狂爲狂，故易明而復晦也。夫由宋以來，七百餘年，聖賢心學既已大明，諸君矻矻孜孜，講貫無已，自有其可傳者在。而近人乃泥形質之漢易以奪宋人之席，不已謬乎！易不明則内無以治人，外無以治事，何以爲通儒！吾願後之學者，治易如望溪、彝嘆之治春秋，庶乎聖學昭然，功在萬世矣！

程晉芳勉行堂文集文集卷五

方望溪鍾蔗經兩先生删訂周禮訂義書後 辛丑

盧文弨

今上登極之初，纂修三禮，望溪先生爲總裁，選通禮學者爲纂修。大興鍾蔗經先生與焉，名晼，字勵暇，官至禮部儀制司郎中，蔗經其晚年自號也。此周禮訂義乃宋樂清王與之次點所著。其用朱筆點勘者，蔗經也；用緑筆審正者，望溪也。别其是非，擇所去取，蔗經先之，望溪成之，間亦有異同焉，此正修三禮時所相與衡校之底本也。計凡舊人禮説皆當有望溪點定者，即蔗經所刊修亦不止此，而此一書適爲烏程丁小疋氏所得，出以示余，皆二公真迹也。余不及登望溪之門，獨於蔗經遊從最熟。及其老而依子宦遊也，余一見之於南昌，又見之於松江，又見之於江寧，詒余祭禮考一册。今斯人不可作矣，覩其遺墨，莊謹不苟，恍如見其爲人。望溪有評史記真筆，在北平黄氏，亦用緑色筆，與此正同，豈又以此自識别耶？蔗經富於經學，著書甚多。其子觀察君居憂嬰疾，今不知何似，未知其能爲乃翁表章否也。偶繙此書，小宰六計弊群吏之治，次點以康成「六事廉爲本」之説爲不然。廉猶廉問、廉察也，蔗經不刪，亦似有取爾者意。竊疑之曰聽、曰弊，意已足該，何必變其文，而曰廉問其善乎？廉問其能乎，謂察爲廉，經無他比。六計具有功狀，聽之於始，弊之於終，其人已無可匿，何必如後世之寄耳目於人，使爲刺探，而後其真可得耶？記曰：「大臣法，小臣廉。」群吏則小臣爲多矣，而曰「廉」，非所貴乎！且廉訪之字，古亦不作廉古作「覝」字。惜乎當日不能就蔗經而請正之，今質之小疋，幸有以語我。乾隆四十六年閏月十一日，後學盧某跋。

盧文弨抱經堂文集卷八

方望溪集選題辭

李中簡

望溪之文，以全力刊削枝葉，下語多見本源。其意蓋直欲上掩唐宋，自成一子，而羽翼六經也。顧嘗論之文以載道，載道必以文者，貴能因物賦形，設兩端以窮道之變。望溪之於文，迫於近道，其於兩端猶未竭焉。其論宋五子之書曰「抑不如古人之旨遠而辭文」，至其自作，亦多未免理障。特詞氣取材荀卿，較五子加健厲耳。讀經史諸篇，所見卓越，且徵別古書正僞本領。書序遒峭，近半山碑板，過求峻潔，運掉淩空，多不入格。

李中簡嘉樹山房集卷六

跋方望溪文

錢大昕

望溪以古文自命，意不可一世，惟臨川李巨來輕之。望溪嘗攜所作曾祖墓銘示李，纔閱一行，即還之。恚曰：「某文竟不足一寓目乎！」曰：「然。」望溪益恚，請其說。李曰：「今縣以桐名者有五，桐鄉、桐廬、桐柏、桐梓，不獨桐城也。省桐城而曰桐，後世誰知爲桐城者！此之不講，何以言文？」望溪默然者久之，然卒不肯改，其護前如此。金壇王若霖嘗言靈皋以古文爲時文、以時文爲古文，論者以爲深中望溪之病。偶讀望溪文，因記所聞於前輩者。

錢大昕潛研堂文集卷三十一

附錢竹汀跋望溪集之謬

方濬師

李巨來督部書望溪侍郎大父馬溪府君墓誌銘後文，予已載入隨録九卷中。近閲錢竹汀潛研堂文集跋侍郎文云〔一〕：中引錢大昕跋方望溪文，略云云。此一則謬之極矣。穆堂文集與侍郎論文辨難者不一而足，桐城之議見於集中，且尚有論及所稱副憲官階、金陵地名者，已見九卷，不具録。何錢於李集絶未寓目耶？跋中既曰「偶讀望溪文」，何又不知馬溪府君墓誌起首一句即云「苞先世家桐城」耶？末以王若霖之言，謂中侍郎作文之病，是猶王昶忌隨園先生名，作蒲褐山房詩話，拉吴嵩梁爲證也。錢之經學、史學，較王爲勝，不應輕率落筆如此。吁！可怪矣！

方濬師蕉軒續録卷一

〔一〕「潛研堂」，原作「研潛堂」。

望溪逸稿叙

彭紹升

予少讀望溪方先生文，服其篤于倫理，有中心慘怛之誠，以爲非它文士所能及。其所書明季諸公逸事，發微闡幽，生氣坌涌，尤足使頑廉而懦立也。方先生集，生時所手定。其後續有增刻，益都李素伯得逸稿五篇，書康熙閒諸公逸事，皆前刻所未具，自京師寄予。予讀之，因以見諸公之本末焉。方先生與諸公同朝共事，聞見確然，獨視湯公差後耳。其所書事蹟，不獨數公之進退而已，實有關于陰陽消長之幾、民生休戚之故，不可以無傳也。烏呼！以諸公名德卓然，又遭逢盛時，宜可久安其位，而僉壬者百計沮之，必欲置之死地。即幸而自全，亦幾經阢隉矣。彼豈獨無人心哉！此大學終篇所由深惡夫娼嫉者流，而古來高志之士，寧伏死蓬蓽之間不出也。

彭紹升二林居集卷五

傳貴刻外集跋

方傳貴

先曾祖侍郎公望溪文集鈔數十卷，實出門人王兆符、程崟所編集。其書之行於海內，固已久矣。傳貴幼時，則見家藏遺文十餘篇，不載於集。及長，遊歷四方，見有先公手迹遺篇，必粥産質物，期購得乃已。今所收者，蓋數十篇矣，恐久而散失，謹問序於當世名人而雕版行世。

或疑集外之文，必當時先公所芟棄，是不盡然。今集外與張相國論澤望事宜篇手書具在，而先公以爲緊要之文，自跋其後。然則集所不載者，蓋有當時不欲遽出以待後人之意，不盡先公所芟棄也。惟家藏于忠肅論，則文鈔所已刻。其書韓文一篇，文亦具刻於文鈔，第彼題云書祭裴太常文後云耳。

又考文鈔有答友書云「蒙諭爲賢尊作表志或家傳，賢尊惟以某事屈廷議」云云。今家藏文作與喬介夫書，稱其父爲賢尊侍講公，而所謂某事者，則謂開海口始末，而侍講奏對車邏河有四不可之奏議也，然其下文則不殊矣。凡此者，今率不更刊，而但著其同異如此。

當王、程編集時，文自爲篇，不用古人刻書首尾相銜之法，恐編後復有所增加也。今傳貴意亦正然，故刻書仍用其體焉。嘉慶十七年冬十一月，曾孫傳貴謹跋。鈞衡曰：此刻五十二篇内有書符節婦任氏家傳，即前集二貞婦傳。與清河書，即前集與蔣相國論征澤望書。蓋一時未檢對耳。又葛君墓誌銘、王彦孝妻墓碣已刻前集，傳貴所藏本蓋缺此二文。惟與喬介夫書即前集答友書。是跋自言「凡此類率不更刊」，而又刊入，何也？

劉季高校點方苞集附録三

書望溪集後

趙懷玉

望溪集訂定者八卷，今入四庫書目。是集未分卷帙，其門人王兆符、程崟輯也。文師昌黎，謹於肖似。其善删古書，官爵郡縣皆沿舊稱，猶染近代之習。然陳義甚高，時時以立言自任，視同時諸君已出其上。至於遇國恤，而昌言守次之制；居親喪，而首嚴復寢之期。其弟椒塗卒，逾七月成昏，晚猶自訟其過，可謂心知禮意，非空言聚訟者所可同日語矣。聞諸前輩，望溪性甚迂癖，好訾人，人多厭之。蜀日越雪，在昔已然，大都能傳於後者，未有不爲當時所怪也。

趙懷玉亦有先生齋集卷七

删定望溪先生文序

陸繼輅

嘉慶廿四年初夏，養疴杜門，偶讀望溪方氏文選，其尤雅者爲如干卷，録而序之曰：

夫文學之一事耳，以聖清儒術之盛，一百七十餘年之間，爲之而工者，方苞、劉大櫆、姚鼐、張惠言、惲敬數人而已。其他若侯、若汪、若邵，輕浮蕩佚，繁瑣闒敝，無論已；賢如魏禧，而往往不免于陋。此如屠沽暴富，服食器用可以上擬王侯，而必有一二端流露于不自知，乃求比于世家之中落者，而有所不逮。無他，入之不深，而出之太速也。雖然，五家之文，方氏爲之首，其言庶幾如孔子所云有序而有物矣。然溺宋學而詆漢儒，至言訾謷程、朱類多絶世不祀，甚哉方氏之陋也！夫以程、朱之賢，虛懷求道於生前，而伐異黨同、私爲禍福於身後，吾恐方氏之誣罔，較之訾謷者，而獲罪爲尤甚也。且世之詆漢儒者，豈其情哉！漢儒實事求是，其學不能一蹴而至，惟空言性命，則旦夕可以自命爲聖人之徒，故畏難者群然趨之。以方氏之嗜學，固非其倫，然觀其頌古文尚書，解先天卦位，行文支離卑屈，異于他作。彼其心豈不知梅賾之僞爲、邵子之妄作，顯然而無可置辨哉？徒以此二者，程、朱之所與，已不容有異同，不得已而爲之辭，故一望而知其所窮也，則皆蔽之曰陋而已矣。方氏求聖人之道，于禮可謂得其主矣。故于倫常之際，淵乎其言之足以敦薄而教忠，即以之繼清獻祀兩廡，亦何不可者。而吾乃盡言其陋，俾學方氏之文者知所決擇，不必如方氏之于宋學，雖先天圖亦曲爲之説也，而方氏之文乃益顯矣。此亦方氏删定管、荀之義也夫！

陸繼輅崇百藥齋文集卷十四

鈔方望溪奏議後序

邵懿辰

望溪先生奏議十九篇，自桐城桂林方氏家譜鈔出。惟江南閩廣積貯議一篇，先生曾孫傳貴刻集外文有之，而題目删去議字。餘十八篇，皆前後刻所不載者。按奏議既載入家譜，傳貴不應不見，而續刻未收，豈以文有未工，而屏之不使與諸用意之作相閒廁與？然自古奏議之體，皆取明白剴切，不矜琢鍊之工。觀韓、歐諸家集所録奏劄，類俱較雜作稍似放筆爲之，蓋體裁不得不爾。而骨氣故在，識者自能辨察。且建白國家大計，忠君愛國之意，溢露言表，足以覘儒者之實用，胡可廢也！上元縣志稱先生當官敷奏，俱關國計民瘼。今觀請定經制等劄子，煌煌鉅篇，乃經國遠謨，餘亦直抒所見，不肯一字詭隨。生平端方嚴謂之概，可以想見。曩嘗病望溪集闕奏議一體，今喜得而録之，他日當益搜先生遺文，重刻以惠學者，庶表區區私淑之志云。道光丁西九月三日，仁和邵懿辰。鈞衡曰：邵鈔奏議，吾鄉光方伯已刻入龍眠叢書。頃得太倉王君本，復增九首，中有請矯除積習興起人才一疏。煌煌大文，不知方譜何以失載？今以配經制劄子分冠一二卷之首，而各以類從。又考先生叙交文内言：「朱相國稱：『子所言三事及九篇之書，吾未嘗一日忘。』」則先生所議，尚不僅屯田、苗疆等文已也。〔一〕

邵懿辰半巖廬遺集

書方望溪文集後

盛大士

國朝古文之以義法勝者，莫若望溪。先生嘗言古文不可入語録中語、魏晉六朝藻麗俳語、漢賦中板重字法、詩歌中雋語、南北史佻巧語，此特言乎文之常者耳。若論其變，則出入震盪，萬怪惶惑。譬如汪洋大海中，蛟龍魚鼉、珊瑚文貝，無所不有，而一瀉萬頃，茫無津涯，方爲極天下之大觀。是以文之爲道，變動不居，周流六虚，而至變之中自有其不變者存。故不極其變，無以成天地之文；而不循其常，又無以造乎變化之域。昌黎答李翊書：「養其根而竢其實，加其

〔一〕此段戴鈞衡按語，引自劉季高校點方苞集附録三。

膏而希其光。」答尉遲生書：「體不備不可以爲成人，辭不足不可以爲成文。」夫言非一端而已，必蘄至于古之立言者而後止。望溪之意，欲示人以作文義法，不知硜硜守此，即失古文遺意也。因書以自勖。

盛大士蘊愫閣文集卷七

書望溪集後二

盛大士

望溪先生謂古文尚書非僞書，而其辭氣較今文易曉者，是必秦漢儒者得其書，苦其奧澀，因稍易以顯易之辭，要其大體，則固經之本文也。按史記儒林傳，孔氏有古文尚書，安國以今文讀之，蓋科斗字難讀，安國用隸文讎校科斗，令覽者易識耳。望溪乃謂安國有所增損，以足其辭而暢其意，其説謬甚。夫東晉晚出之僞古文與西漢所傳之真古文篇數迥不相合，僞孔傳與馬、鄭相承之古義，優劣判然，其真僞所分，不在文辭之與澀與顯易也。尚書爲聖人删定之書，人雖至庸極妄，終不敢稍有增損。不謂漢世大儒如孔安國者，苦其難讀而竄易之，且難讀者尚存，而易讀者先亡，此何説邪！後儒妄改古書，而先自漢人開之，則又何所貴於傳經之學邪！望溪不知古書之源流，故其言若此，而其謬亦不足辯也。又痛斥毛、鄭詩義，而於朱子之廢序深信不疑，是欲舉千數百年相傳之時代事實、是非美刺，掃而空之，每遇言情寫怨之作，必曰「此淫奔之詩也」。且列于正風者，雖淫亦貞，入于變風者，雖貞亦淫，竊疑召南野有死麕詩，懷春之女未必皆貞。末章感帨吠尨，或近于私約，而非嚴拒意者。此詩與何彼穠矣皆東遷以後之詩，聖人附録之以垂戒耳。若鄭風之雞鳴、風雨，義正辭醇，無一言近于褻狎。衛風之静女、木瓜，則經傳可據，義更顯然，何得目爲淫奔之詩與！又謂程子出大學、中庸于戴記，數百年來莫敢異議，不知二書單行，原不私于程子，而程子改易大學古本，朱子又分經析傳，增補闕文，厥後議者紛紛。即篤信程、朱者尚多疑惑，望溪豈未之知與？抑知之而故諱之與？夫望溪以古文名家，則既卓然自成，爲望溪之文矣。若其所著經説，則余反覆求之，而未得其義也。

盛大士蘊愫閣文集卷七

書望溪集後二

盛大士

望溪先生篤信宋儒，聞有詆毁程、朱者，謂之絶世不祀。吾友陽湖陸祁生痛斥之。按望溪與蠡縣李剛主友善，剛主晚年喪其子，望溪作書唁之云：「以吾兄之德行醇懿，而衰暮罹此，語天之道有不當然者。竊疑吾兄著書多訾謷朱子，朱子闡明孔、孟之道，毁之者必爲天之所不佑也。」夫以宋儒之虚心求道，而望溪乃黨同伐異，妄論禍福，陋而誣矣！及閲所著李剛主墓誌銘與釋言一篇，知剛主爲人言語温然，終日危坐，肅敬而安和。其妻某氏多言不順，剛主惡之。有女早寡，妻爲主張更嫁，剛主不欲見妻，别居絶之。謂「生則異寢，死當異穴」。鄉人之愚無識者，輒非議之，家道睽乖，實與不祥之氣相感召。望溪或不忍斥言，不得已而託爲是説與？夫人于創鉅痛甚時，弔之者憐其無辜，則其人愈悲；惟責其致禍之由，而聞者瞿然以思，恍然以悟，則其悲哀憤鬱之思或少釋焉。而又不可以暱好之故，舉其所不忍聞者而摘發之，于是别創一説，以止其哀戚之心。其言若有所偏，而其用意則甚苦矣。讀者合數篇之文，以求一篇之義，則其事其情，必有得于語言之外者焉。不然，而以不信程、朱至于絶世不祀，是何其言之陋而誣也！

盛大士蘊愫閣文集卷七

重刻望溪先生左傳義法舉要序

賀長齡

文章，小技耳。然而操之有其要焉，達之有其序焉。要則簡而能操，繁亦簡也；序則順而能達，逆亦順也。易繫曰「言天下之至賾而不可惡也」，操之有要也；「言天下之至動而不可亂也」，達之有序也。如春秋時，晉及秦、楚之四戰，與夫齊無知之亂、宋之盟，其事極繁夥矣，一經左氏之鎔冶，而堆垛悉化爲煙雲。顧其匠心獨運處，數千年來，鮮有能抉發者。自望溪方氏爲之批導，則操之至簡，而達之皆順，豈第求之文焉爾乎？亦澄其心以晰其理而已。審乎此，天下尚有紛而難紀者哉！以之求道，而道貫於一矣；以之治事，而事得其理矣。士方藏器待用，文其末焉耳。得是編之意，而默運之，雖極之身心家國之蕃變，無不循其則，而會其通，是亦所以精義而致用也，於爲文乎何有！

賀長齡耐菴詩文存卷二

王鈔逸文序

王寶仁

余舊有望溪先生集，爲其門人王兆符、程崟所編，凡二百五十九篇。壽州呂君敬甫所有，較多百廿二篇。其外集五十二篇刊於先生之曾孫傳貴，敬甫亦有之。

昨歲敬甫得初刻本於江寧書肆，出以示余，則余所無者幾半焉。敬甫未見者，則有六十四篇，而劄奏之文居多。敬甫檢其已有者贈余，余更鈔集之，曰望溪文補遺，則百廿二篇也。曰望溪逸文，則六十四篇也。外集則亦鈔之，而仍其名。并附於原書之後，而倍之得十二册。吾不知已刻而復删、已編而復滅者，出自先生之心否？又不知外集之拾遺而補闕，有當於先生之心否？書此聊志是書之由來云爾。道光庚子七夕後二日，太倉後學王寶仁識於六安學署。

鈞衡曰：二百五十九篇之本，初刻本也。程崟所謂就王、顧二家所録及己所得近稿者也。多百二十二篇之本，程氏增刻者也。增刻本多寡，又微有不同，近日坊間所行祇是此本。王君稱「呂敬甫得初刻本於江寧書肆」，呂本不可見；觀王鈔本内，夾裝呂贈刻文數十首，乃初印樣本，上有朱墨筆校正譌字，且有加簽云「此板撤去」者。詳加參對，乃知呂氏所得，非初刻本，蓋程氏增刻初印樣本也。其撤板者，世遂不見。然則王君所謂逸文六十四篇，皆程氏所已刻，而傳貴所刻之文，亦間有程氏已刻者。是則海内之士所未前聞也。

書望溪先生集後

方東樹

作室者卜里閈、量基址、程材用、庀工役，區堂廡房奥牆廁，一一營之，意中而後翼然有室之觀。後人雖有丹堊之巧爲，密麗至於不失黍銖，終不如慮始者，精神開闔於空虚杳冥之際，而與造物相往來也，凡事類然矣。樹讀先生文，歎其説理之精、持論之篤，沈然黯然紙上，如有不可奪之狀，而特怪其文重滯不起，觀之無飛動嫖姚跌宕之勢，誦之無鏗鏘鼓舞抗墜之聲；即而求之，無玄黄采色創造奇詞奥句。又好承用舊語，其於退之論文之説，未全當焉；而篤於論文者，謂自明歸太僕後，惟先生爲得唐、宋大家之傳。維樹亦心謂然也。蓋退之因文見道，其所謂道由於自得，道不必粹精，而文之雄奇疏古、渾直恣肆，反得自見其精神。先生則襲於程、朱道學已明之後，力求充其知而務周防焉，不敢肆。故議論愈密，而措語矜慎，文氣轉拘束，不能閎放也。先後諸公學既不能如先生之深，而又懵於所謂義法者，故其爲文不能如先生之潔，而知所鎔裁以合化於古人也。而公遂儵然於二百年文家之上，而莫敢與抗矣。鄉使先生生於程、朱之前而已能聞道若此，則其施於文也，詎止是已哉！

方東樹考槃集文録卷五

書望溪先生外集後

方東樹

嘉慶庚午，樹從姬傳先生於江寧鍾山書院，見望溪曾孫傳貴以先生集外文來請叙，其文止一卷。明年辛未，姚先生復得先生與鄂張二相國論征準夷書，重爲跋語，謂後有刻先生集者必宜入之。道光二十年七月，蘇生惇元自浙歸，以其所輯録望溪遺文一卷見示，則皆前後集所未刻者，並有先生前刻集中所有、而今刻删去之者。其奏議一卷，則仁和邵懿辰鈔於方氏宗譜後而得之者也。且疑此文既刻於方氏譜後，則其裔孫刻後集者不應不見，而遺之，何也？樹曰：「先生文集係手自定，其去留必有精意，非後生淺學所可妄測。」惟山東韓理堂所輯望溪集外文有十卷之多，此奏劄獨爲一卷，其事約在乾隆三四十年間，距姚先生作序時前數十年，文亦較多數倍，姚先生殆未見也。又據姚先生兩序，似以他文縱不存無害，而與兩相國書則必不可不存，所見誠是也。但樹考先生手定集已載與常熟蔣相國論征澤望事宜一書，其詞意悉與此同。意先生稿或先擬與鄂、張兩相國而未出，後乃改而與蔣相國，遂以此爲可不必重出，而姚先生偶未察而云然與？要之，公之文宜以手定集爲主，而遺文奏劄，當覓韓輯十卷本校正，乃爲善耳。宗後學東樹謹識。

方東樹考槃集文録卷五

重刻方望溪先生全集序

戴鈞衡

六經、四子皆載道之文，而不可以文言也。漢興，賈誼、董仲舒、司馬遷、相如、劉向、揚雄之徒，始以文名，猶未有文家之號。唐韓氏、柳氏出，世乃畀以斯稱。明臨海朱右取宋歐、曾、王、蘇四家之文以輩韓、柳，合爲六家，歸安茅氏又析而定之爲八，而後此數人者，相望於上下千數百年，若舍是而莫與爲伍。自是天下論文者，意有專屬，若舍數人，即無以繼賈、馬、劉、揚之業。夫自東漢以迄於明，其間學士詞人蟻聚蜂屯，不可計數；一二名作先後傳誦宇内者，亦如流水之相續於大川；而其爲之數百十篇，沛然暢然，精光熠人間不可磨滅，則自韓、柳、歐、曾、王、蘇外，終莫得焉。嗚呼，蓋其難哉！

余嘗聞其故矣：其所受者不優，無以軼乎衆也；其所入者不邃，無以遺乎今也；其所得者不廣，無以肆其用也；其所養者不充，無以盛其發也；其所踐者不實，無以立其誠也。日星之所以長明，江海之所以不竭，萬物之所以發生，古之精且神於文者，蓋必實有侔於此焉，非是不足以與於作者。是以古文之學，北宋後絶響者幾五百年，明正、嘉中，歸熙甫始克賡之。然熙甫生程、朱後，聖道闓明，其所得乃不能多於唐、宋諸家。我朝有天下數十年，望溪方先生出。其承八家正統，就文核之，亦與熙甫異境同歸。獨其根柢經術，因事著道，油然浸溉乎學者之心而羽翼道教，則不惟熙甫無以及之，即八家深於道如韓、歐者，亦或猶有憾焉。蓋先生服習程、朱，其得於道者備；韓、歐因文見道，其入於文者精。入於文者精，道不必深，而已華妙而不可測；得於道者備，文若爲其所束，轉未能恣肆變化。然而文家精深之域，惟先生掉臂遊行。周、漢、唐、宋諸家義法，亦先生出而後揭如星月，而其文之謹嚴樸質，高渾凝固，又足以戢學者之客氣，而湔其浮言。以故百數十年來，奉而守者，各隨其才學高下淺深，皆能蘄乎古不捩於正；背而馳者，則雖高才廣學，亦虛憍浮夸，半爲曜冶之金而已。

先生文集久行於世，第原編卷數未分，亦未用古人刻書首尾相銜之法；近復殘缺漫漶，而集外文多關係重要之文，世所未見。鈞衡既搜輯，乃貸金而全刊之，以快天下心目，并揭發先生明道與文之功，正告海内來者，知尊信而趨步也。咸豐元年辛亥正月，邑後學戴鈞衡謹序於味經山館。

劉季高校點方苞集附録三

望溪先生文集跋

戴鈞衡

望溪先生文集初爲門人王兆符、程崟同輯。兆符早卒，其後增輯付刊者惟崟，今本標兆符同輯者，崟不肯没亡友之善也。而亦隨時有所删削。故今世所行本，前後篇數多寡不一。然程氏親炙師門，其去取率奉先生意指，故世傳程本爲先生自定。今不敢以集外文廁入，謹就所見篇數最多之本，凡三百八十四首，爲分卷而排次焉。唐、宋八家説經之文，少者類入論辨雜著，多者别爲卷：歐集經旨，大蘇集經義是也。虞山錢氏編震川集，次經解爲卷首。先生湛深於經，爲之又多，故程氏首區爲册。今從焉，爲第一卷。大蘇評史之文凡數十首，此外文家未有及先生多者。其題爲書後，可區爲類，程氏並讀子爲一册。今亦從焉，爲第二卷。讀經，讀子、史，皆議論文，故以論説次焉。原人、原過等文，亦論説也，爲第三卷。古人作書，自叙大恉曰序，後世乃倩人爲之，然大抵發明書義，體近論、説。姚郎中古文辭類纂以序跋次論辨，今仿焉，爲第四卷。書後、題跋，體一也，略與序同。序以加於書之成册者，發揮全恉；書後、題跋，則隨舉一事一文而論之，次序後爲第五卷。陳義晰理，指事述情，書之所有事也。以承序跋，以啓贈序，爲第六卷。贈序始於唐，昌黎最工；自後作者皆有壽序，亦贈送之類。先生不多作，附贈序爲第七卷。傳者，傳也，傳其人之行實也。文人不爲達官立傳；所傳者，窮賤獨行之士、婦人方外之流耳。紀事，傳之别體，當依類而分編之。爲第八卷、第九卷。誌、銘、碑、碣，金石之文，體異傳而叙事同，應後傳與紀事。埋石壙中曰誌，立石墓上曰表，曰碑，曰碣。銘者，誌之辭也，碑碣亦可用之。表則無銘。先生爲之多，不能總爲一。分埋銘爲第十卷、十一卷，表與碑、碣爲十二卷、十三卷。集中禮部尚書陳公神道碑以下七文，先生初刻標題曰碑曰碣，後均改爲墓表。蘇厚子曰：「神道碑文體尊大，先生不肯標題。四品以下官用碣，高公官三品，例用碑不用碣，而碑文必詳備，此文簡略，稱表爲宜。茶村、王彦孝妻，俱不宜名碣。」余按：蘇説是也。但古人墓表，無用銘辭者。韓公鄭夫人殯表通體七字詩，無序，乃創體，不可爲通例。歐公瀧岡表，初稿未用四字詩，後改去之。惟龍武將軍薛君墓表末云「乃爲表于其墓，既又作詩以遺之」云云，亦未嘗標以銘曰。考説文：「碣，石特立也。」張表臣曰：「碣者，揭示操行而立之墓隧也。」唐、宋文人多用之於處士、女流。隋志、唐會要俱云：「隱淪道素、孝義著聞者，雖無爵，亦聽立碣。」國朝通禮：「庶士得視九品官。」則茶村與王彦孝妻稱碣，似皆無礙。高公碣，先生私立，故不稱碑。且三文中俱明言碣，則止從文中所書爲是。今均依原題。附記蘇君之言，俾學者知標題之不可忽也。又集中杜蒼略墓文先標墓誌銘，後改墓表。考文中有「卜葬某鄉某原、來徵辭」云云，則爲誌銘無疑。今亦入埋銘類焉。記亦碑文之屬；有紀事不以刻石者，其體自存也：次碑，碣爲第十四卷。勒頌於石，鏤銘於器，二者亦古金石文也；喜雨説意主於頌，兼有箴銘意焉：編爲第十五卷。哀祭源出三百篇，其體屈大夫開之，昌黎祭十二郎文散行不以韻，後人遂兩承之。然而韻其正也。次頌、銘爲第十六卷。示道希四書，程氏編入書類，鄙意隨事指示，與家訓同。先生篤於倫理，家傳、誌、銘、哀辭，至性發露，自來文人莫有及者，故程氏别分爲册；七思亦哀辭也，義宜入：合爲第十七卷。文以類聚，有文少不能成卷而於諸類未合者，則以雜文統之，訂爲十八卷終焉。鈞衡謹識。

望溪先生集外文跋

戴鈞衡

右望溪先生集外文十卷。其曾孫傳貴昔刻五十二篇，今芟複正集者，鈔四十七首；合以吾友仁和邵映垣所録奏議，同里蘇厚子所輯遺文，共得八十九首。編既定，房丈掖垣來言：「六安司訓太倉王君研雲藏有先生逸稿」，介許叔平走書假鈔，復得不同者三十六篇。先生來孫恩露聞是刻，復自金陵寄來遺文十九首，詩十五章。乃並取諸君所接尺牘附之，合得百八十二首。

原所以不入正集之故，蓋有先生割去不欲存者，有記論時事，顧忌不欲出者，又或散在他人未及收者。今觀興人才、定經制諸疏，與鄂張兩相國書，煌煌大文，求之古名臣，不可多得，餘亦關係國家大計。先生忠愛之忱，明體達用之學，舍是莫見。書諸公逸事，陰陽消長所係，不惟足傳懿節而已。餘亦隨事立言，類有裨於倫理、風化、學術。嗚呼！世之徒以文章供人愛玩者，後人猶且補佚綴殘，不遺餘力。矧先生有足傳于文章外者，爲之又矜慎不苟，可任散落也哉？邵君欲舉奏議及遺文佳者，合之正集。蘇君則欲盡所得，統編爲一，意謂奏議、逸事等文，不宜列之集外，恐讀者有所重輕。余則以爲正集，先生自定，當還其舊。兹亦不標外集、别集之名，但題曰集外文，俾讀者知此百數十篇，非盡先生所不欲存，即其不欲存者，亦非他文士所可幾也。

獨是先生遺文，恐猶不止於此。昔濰縣韓大令夢周、先生次子道興皆有輯本。韓本未刊；

道興本交震澤任氏兆麟，亦未行世。今恩露所寄，未知即道興本否。合肥徐懿甫又言：「曾於山東高密單徵君伯平所，見手鈔先生遺文甚夥。舉其所記文目，與王本多同。」韓本、單本較以今刻，所遺當亦無多。然不得匯諸本而覽其全，不能無歉也。

更有憾者，先生經説，自坊行十數種外，尚有朱子詩義補正、讀易讀尚書偶筆，未見人間。昨懿甫寄到高密單氏所刊詩義補正，勸令重刊；以貸金不足，事有待。又先生生平窮極心力，自謂大有關於前賢後學者，莫過於刪録昆山徐氏通志堂經解，此本想在人間。韓夢周云：「聞吳門書坊有刻本，此傳言之虚也。」海内儻有見其書者，力足，則爲傳之；不足，廣播聞以竢能者，是更予所望於同志之士也已。辛亥五月十二日，鈞衡再識。

劉季高校點方苞集附録三

方望溪先生集外文補遺序

戴鈞衡

予刊望溪先生全集既成之秋，往揚州，道金陵，見湯丈雨生。雨生爲言：「寶應湯品三曾持望溪遺文册子求題。」走訪之，則得記湯玉聲所書周官經文後一首。既屬徐懿甫騰書山東，求高密單徵君藏本；壬子春入都，過合肥得之，獲文十有九篇，讀書筆記數十則。邵映垣比部又摘先生史記評語歸予。既旋里，將合刊之，復檢得先生時文稿自記二則，與沈畹叔尺牘三通，彙爲集外文補遺。先生之文，至是搜羅殆盡，未必先生之所許也，而天下好先生文者，則莫不以爲快焉。其故何也？良由先生躬程、朱之學，本其心得，發爲經説、文章，義理精深醇正，多洽乎人心之不言而同然。

乾、嘉時，漢學考證家矜其强記博聞，往往以細故微誤，指斥先生經説，並及文章；而卒其所自爲者，瑣碎支離，悖義傷道。其優者，亦第分學中格物之一端，於聖道爲識小，求其開通義理，周浹彷徨，如先生之有益於學者身心實用，不可得焉；而其文章餖飣滯拙，更無當作者。平心論之，宇宙間無今漢學家，不過名物、象數、音韻、訓詁未能剖晰精微，而於誠、正、修、齊、治、平之道無損也；而確守程、朱如先生者，多一人則道著於一方，遂以昌明於一代。先後承學之士，私淑之徒，猶能挹其緒餘，端其趨往，即用以讀漢學家書，亦能辨精粗，知去取，不流爲尾瑣無用之學。彼世之譏先生者，自謂能傲以所不知，而豈知彼之所知，以先生之學衡之，固不必其皆知者哉！

先生學行，歿宜祀於鄉也；而方其歿時，中朝媢嫉者多，鄉人未以爲請。予昨刻文集，蘇厚子以呈方伯李公，兼言未祀鄉賢。方伯欣然，命桐人舉請。予與厚子所爲，於先生無增益也，獨後進宗仰之衷，至是始慰焉爾。

映垣又爲細審刻本誤字，云「是書將傳久遠，必求毫髮無憾。」房掖垣、王研雲、蘇厚子亦先後讎校，今悉依而正之。單徵君名爲鏓，字伯平。所棄遺文，云得之其族祖紫溟公諱作哲者，望溪先生之弟子也。數君子者，皆有功於先生，不可以不附識也。咸豐二年壬子十月，後學戴鈞衡識。

劉季高校點方苞集附録三

恩露鈔遺文跋

方恩露

先侍郎公遺文百餘篇，先曾王父厚堂公所手輯也。曾王父跋識其尾，謂：「奏劄之文，前曾鐫板，未編入集。以當日所奏，均發九卿議，其中有行有不行。議而不行，同時諸公率多齟齬不合，文出恐觸所忌。將俟遲之又久而後入集，而其板旋廢。其雜著遺稿數十篇，則得之家藏廢簏，蓋先公所删汰，而亦有散佚於四方者。」恩露嘗展讀之，每繹一篇，覺義理充足於中，悉能闡明聖賢立身經世之道，足以垂範來學。每思補刊，艱於力之不逮，而此志固未嘗一日或去諸懷。

今年春，吾桐戴君存莊重刊全集，而搜羅遺文，蘇君厚子以書來告。戴君所爲，自是藝林公事，而爲人後者當之，有感激於中而不知所云者矣。敢不悉出所藏，俾世之景仰先公者争睹爲快邪？因取家藏遺稿，録出若干篇以寄。閲來書，凡已得者不復録。恩露反復紬繹，是皆確爲先公之文無疑。蘇、戴二君最深於先公之文，其自爲搜致者，必能辨真僞、嚴去取也。先是從大父勤之公外集之刊，皆經姚姬傳先生手訂。二君紹先賢之志事，知有後先同揆者矣。謹書數言於簡末，以慚小子之有志未逮，而感戴君之古誼有足多焉。咸豐元年夏四月，來孫恩露謹識。

劉季高校點方苞集附録三

蘇跋

蘇惇元

惇元少時，讀望溪先生文集，遂篤嗜之。購得新印本，其間有前已刻，而新本删去者，乃覓舊本録補，并蒐緝未入集之文，隨時繕録。尋友人邵映垣於方氏家譜中鈔出奏議、祠規，余亦並録，且假方譜而讎校之。歲戊申，余授徒城中，見光律原方伯購得舊鈔先生文，假歸校閲。其文皆五十四歲以前所作，改竄塗乙之處，似爲先生親筆，其改本與刻本悉相同。乃録出未見者數首，彙前後所得爲遺文一册，凡六十餘首。

去年秋，友人戴存莊毅然貸貲重刊先生全集，與余商訂體例，遂舉藏本并遺文授之。旋映垣寄來先生與陳可齋尺牘十九首。存莊又於王研雲學博處，假鈔奏議、雜文三十六首，多老年之作，皆程崟、道興前曾鐫板而撤去者。余又介方子觀騰書金陵，先生來孫恩露寄到詩十五首、文十九首，多少壯之作。存莊乃合傳貴所刻外集，編爲集外文十卷，合正集并余所編年譜刊之。於是海内可見先生文集之全，洵鉅觀也，亦快事也。

余久欲刊先生遺文，而力不能及。友朋中亦有擬刊先生全集者，而卒未能行。今樂觀成事，非存莊任事之勇，安能若是乎？至韓理堂所編逸集，任心齋所藏逸稿，高密單氏所藏遺稿，今雖猝不得見，然審思之，恐此集所遺者，亦不多矣。刊將竣，存莊屬爲遺文跋語。惇元於先生之文，如菽粟水火之須，前編年譜，嘗序而論之。兹乃縷述輯録顛末以識於後。咸豐元年辛亥五月十二日，邑後學蘇惇元謹書。

跋望溪集

陳澧

方望溪讀齊風云：「少讀著，疑與鄭之丰、衛之桑中爲類。及少長，見班固地理志，然後得其徵。」案地理志云：「齊詩曰：『子之營兮，遭我虖嶩之閒兮。』又曰：『竢我於著乎。』而此亦其舒緩之體也。」何嘗有淫奔之説？不知所徵者安在。望溪之説經類如此。近之講經學者多詆望溪，固望溪有以致之也。

陳澧東塾集卷四

書方望溪與李剛主書後

李元度

望溪方氏之文，世推正宗，議論亦醇正，獨其與李剛主書則陋甚。剛主喪子，望溪戒以恐懼修省，謂其著書多訾謷朱子，爲戕天地之心，宜爲天所不祐。自陽明以來，凡詆朱子者多絶世不祀，習齋、西河其尤也。噫！何其鄙歟！夫學者尊朱子，以其發明孔、孟之道，有功萬世耳。朱子雖賢，視孔、孟固有閒，其言未必無得失，正望後儒講明而補正之。其言是，朱子必舍己以從；其言非，亦於朱子無損。不如是，不足爲朱子也。謂訾謷朱子者必絶世不祀，是朱子黨同伐異，擅天之威福，如里巫社鬼之禍福生死人，以震動流俗，朱子肯出此乎！即謂不出自朱子，而天不祐之，亦無此理。孔子至聖也，晚年伯魚卒，顔路喪顔子，子夏哭子喪明，豈亦天所不祐乎！周易繫辭，孔子作也，歐陽公獨訾之；司馬温公作疑孟，其訾孟子尤甚。獲罪孔、孟，宜獲罪於天矣；然二公祀兩廡不替。望溪之尊朱子，至矣，然其子道章亦蚤世，又何説耶？西河嗣子遠宗官至侍講學士，世未絶也。若謂嗣子不足爲子，則立後之禮爲虚文矣。近儒最尊朱者推陸桴亭、張考夫，然兩先生皆無後，又何咎焉！夫朱子非不宜尊，然尊之者太過，寧疑經不敢疑注，寧違經不敢違注，雖其甚不概於心者，亦必曲説以護之。於是習齋、西河之徒遂奮起而與之辨。是尊之太過，反以召訾謷也。然如望溪説，則尊朱者非果心悦誠服也，特畏天不祐，而罹不祀之罰耳。朱子豈即引爲知己哉！不但已也，今之尊望溪者亦已太過。即如所作方正學論，訾其震於卒然，而失其常度，爲殺身不足以成仁，此苛論也。望溪既自汰之矣，編集者仍録其篇，必使一字不遺，不反以彰其言之失歟？

李元度天岳山館文鈔卷三十

跋方望溪先生朱子詩義補正

蕭穆

望溪先生所著諸經，自刊行十餘種外，尚有删訂通志堂宋元經解及朱子詩義補正。晚年與寧化門人雷副憲鋐手書，自謂三十年精力，皆在崑山經解，諄諄以身後之事爲託，尤於此書三致意焉。然其書今世竟無傳本。朱子詩義補正，先生門人高密單作哲曾爲編次，刊於家塾。咸豐初年，邑人戴孝廉鈞衡刊先生文集，合肥徐孝廉子苓曾寄單氏原刻本，屬爲重刊，以資用不足而罷。吾友徐君宗亮家有藏本，丙寅夏，乃得借觀之。凡兩册八卷，其説魯頌以成王賜伯禽以天子禮樂，周、秦以前赫然暴見之書未有及此。明堂位乃劉歆所僞作，以爲王莽受九錫，踐阼臨群臣之證者，不足徵信。乃據詩及春秋左氏傳斷以僭用天子之禮樂自僖公始。又以程、朱所以未易舊説，以史記魯世家亦載成王有命。今觀魯世家篇中所載周公事，詞議皆蒙混支贅，與王莽傳中所載誥諭如出一手，與史遷之文絶不相類。又風雷之感明，著於尚書，世家乃云：「周公卒後，成王始發金縢，命魯作文王廟，得用天子禮樂。」公孫禄數歆之罪，所云顛倒五經，使學士疑惑，此尤其顯者。今以先生之説詳之，皆屬有見。其他所解，簡略而不失之疏漏，博辨而不遁於支離，信有功於詩學矣。是書既未顯於世，因録副本，他日當託同好者重刊之，與所著三禮、春秋等經並傳焉。

記方望溪先生文集新舊兩刊本

蕭穆

鄉先達方望溪先生年少即治古文，至雍正元年癸卯，年五十有六。秋八月，大興門人王兆符始請編年譜，手録春秋周官説及文集。又十□年，王君殁。至乾隆十一年丙寅，先生年已七十有九。冬十一月，歙縣門人程崟始爲編刻文集，即世傳望溪集是也。又三年，先生年八十有二。秋八月甲午，殁於上元里第。而程君刊本時有增益，世所傳本多寡不同。余曾見初刊本，尚載生平師友及門生等各文，批評一百四十餘人，批評凡三百二十五條，後來將各文批評悉行削去，故近來批評之本鮮有存者。當乾隆十二年，先生年八十，時鄞人全庶常祖望至金陵，館於先生之湄園。不數日，東歸。先生謂：「吾老矣，未必久於人間。篋中文未出者十之九，願異日與吾兒整頓之。」次年，先生之子定思卒。又次年，先生卒。此見全氏鮚埼亭集方定思墓志銘。先生所云篋中文未出者十之九，即指程刻望溪集之外言之也。蓋先生付程君刊本之文皆其所稱意者，其他作尚夥，或其時尚有所避忌，或有尚待改訂，亦尚有雅不欲存者，皆程君所不及知也。全君卒於乾隆二十年，先生篋中未出之文，終未踐整頓之約。後六十三年，爲嘉慶十七年壬申，先生曾孫傳貴刻外集一册，凡五十二篇。內有五篇已爲程君所刊，實得四十七篇。彼時先生所云未出者十之九，已不知流落何所矣。又三十九年，爲咸豐元年辛亥，邑人戴孝廉鈞衡編刻先生全集，以程氏所刊望溪集最多之本，凡三百八十四篇，編爲正集十八卷；又於仁和邵員外懿辰所録奏議十九篇，及同里蘇徵君惇元所輯遺文，共得八十九篇；又於六安司訓太倉王君寶仁所藏逸稿假鈔，與邵、蘇本未有者，復得三十六篇。又先生來孫恩露聞戴君有是刻本，復自金陵寄遺文十九篇、詩十五首。戴君並取諸友所搜先生尺牘二十三札附之，合得文一百八十二篇。爲集外文十卷。戴君後來於外間友人復搜輯遺文二十篇、尺牘四首，益以先生所記聞見録三則、讀書筆記共六十條、史記評語九十餘條，爲集外文補遺二卷。蓋望溪先生文，程刻之外，非戴君搜輯之力，則至今已不能傳。然以先生所云篋中文未出者十之九論之，尚多缺佚，今已無從搜輯矣。其顯見者，兩朝聖恩恭紀有「召入南書房，命撰湖南洞苗歸化碑文，稱旨。越日，命著黄鐘爲萬事根本論。越日，又命作時和年豐慶祝賦。上告諸翰林：『此賦即翰林中老輩兼旬就之，不能過也。』」今案此三文均爲聖祖仁皇帝所稱，當程氏刻集時，首載進呈文一卷，此三文並未恭載進呈文中。又先生叙交，有三事九篇之書，爲高安朱文端公所稱，今亦不傳。

此等煌煌高文經世大篇，尚猶失之，其他所佚者，尚不知凡幾矣。

蕭穆敬孚類稿卷九

越縵堂讀書記·方望溪集

李慈銘

夜閲方望溪集文集。予不閲此者，近十年矣。其文終有本領，而義法未純，由讀書未多，情至處彌爲佳耳。

同治丁卯（一八六七十一月十六日）

閲望溪文集。其叙天倫悲苦處，棖觸生平，時爲泫然廢卷。痛莫切於傷心鮮民之謂矣。

十一月十七日

閲望溪文集。望溪粹然儒者，其文多關於世教，又語必有本，事能見道，自責之言，尤近聖賢克己之怡，宋儒以後，誠不多見。惟務以至高之行繩切常人，其家訓及示道希兄弟諸書，謂春秋二祭及考妣忌日皆三日齋，生日及祖考妣忌日皆二日齋，祖考妣生日及高曾祖妣伯叔兄弟忌日皆一日齋，期喪雖伯叔兄弟皆終喪不御於内，緦麻喪雖舅甥亦終月不御於内，大功以上同財共居，小功以下同財異居，婦人歸寧，非遠道不得信宿，父母殁不得歸寧，其親伯叔父、同父兄弟、兄弟之子來視者相見於堂，食飲於外，嫂叔惟吉凶大節以禮見，此皆今日所必不能行者。古人於祭，散齋七日，致齋三日，皆止時祭耳。忌日惟父母有終身之喪，亦止一日不樂不飲酒食肉而已，期喪惟祖父母及妻終喪不御於内，餘皆止三月。大功同財異居，小功異財，望溪謂聖人制法以民，非賢者所宜自處，是以禮爲未盡，而責其後世天下之人皆務加崇於古哲，而不肯俛就禮文，恐無此理也。凡教人者，必使中材可及，家訓尤宜淺近簡易，俾子孫可守，望溪所言，亦大而近迂也。又古有世封世禄，故有宗法，後世無之，故無所謂宗子。惟嫡庶之分，長幼之别，則無論貴賤，萬世不易，此即宗法所寓也。望溪拘守禮文，未明禮意，謂必立宗子，祭必於宗子之家。不知古之宗子，禄足以收族，爵足以馭貴，故皆宗而尊之，今之宗子，何所取也。自唐及今，定制士大夫皆祭及高祖，其或立祠堂，通祭始祖以下者，皆民間私爲之，朝廷特不禁不問耳。望溪乃定其先世曰某始遷，某死節，某有重德，某始爲大夫，當百世不祧，餘親則盡祧。不思百世不祧，是天子諸侯之制，私家何可擬也。望溪立朝，議論亦多如此，泥古而不切，强人以難行，當時皆厭苦之。雖曰堯舜君民之心，不知堯舜之世，民亦未必皆法堯舜，所謂比屋可封者，不過嬉遊化日、安分自守而已。儒者陳義過高，適足壞事，此温公所以不滿於伊川也。然其大體嚴正，足以箴砭人心，使我輩不肖者讀之，凛然如對師保父母，其益非淺。

光緒丁丑（一八七七）正月二十三日

閲望溪集。其讀經、讀子史諸文，多不可訓；時文序、壽序亦嫌太多。若其書後之文，語無苟作，墓銘志傳，亦多謹嚴，叙述交遊，尤爲真摯。與人諸書，無不婉切有味，此實可傳者也。余二十年前讀之，多爲浮氣所中，又過信錢竹汀、汪容甫諸公之言，頗輕視之，故自後從不寓目，此以知讀書貴晚年也。

正月二十七日

閲方望溪文。望溪能知周禮經體之精，儀禮品節之妙，及荀子之醇處，其識自在并世諸家之上。惟任其私肊，謂周禮有劉歆竄入處，因推及於儀禮喪服之尊同不降，禮記之文王世子、明堂位及雜記之「大夫爲其父母兄弟之未爲大夫者之喪，服如士服」一條，「士之子爲大夫，則其父母弗能主，使其子主之」一條，尚書之康誥序、君奭序召公不説語、毛詩之序及「普天之下，莫非王土」之傳、史記之周本紀、魯世家、燕世家，荀子之儒效篇，謂皆歆所竄入，以媚王莽，而傅會莽事，信口周内，絶無依據，不知子駿何仇，而於千餘年忽遭此羅織。其言之斷斷甚無理，而悍然不疑，往往讀之失笑。又拾朱子之唾而痛詆詩小序，尤爲無識。故嘗謂望溪集中讀經二十七首，當删去太半，則於望溪之學，不爲無益，所以深愛望溪也。然如讀大誥、讀王風、讀周官、讀儀禮、讀經解五首，簡括宏深，必傳之文，非望溪不能作也。

李慈銘越縵堂讀書記第一〇〇〇—一〇〇二頁

光緒丁丑（一八七七）十二月二十四日

望溪先生與李剛主書書後

陳衍

望溪聞剛主子習仁夭卒，貽書略云：「竊疑吾兄承習齋顏氏之學，著書多訾謷朱子。自陽明以來，凡極詆朱子者，多絶世不祀。僕所見聞，具可指數。若習齋、西河，又吾兄所目擊也。」望溪此言似未爲知道。詆朱子自是一事，絶世不祀又自一事，比而合之，得無牽强爲者。昔明道程子誌其子，邵公謂賦生之類，雜糅者多，而精一者間或值焉，則其數或不能長。程子之言可信，則修短乃氣數之事，與義理無與。故洪範九五福子孫之有無不與焉。不然，泰伯無子，伯魚早卒，顏淵短命；春秋之賢大夫叔向無子，其凶人惡德有賢子者甚衆，楚商臣得莊王爲之子，魯文姜有子季友，衛宣姜有子文公，而堯舜子皆不肖。文王爲父，太姒爲母，而有管叔、蔡叔、霍叔。氣數之事，聖人存而不論，故孔子曰：「未知生，焉知死？」自左氏傳有若敖鬼餒之説，後世以無子爲大戚者乃偏國中。不知即有鬼神，禮有立後之經，無子亦可有子。況身爲賢者，祀於學宫，祭於社，盡賴不絶世而後祀哉？望溪生平摯友如劉捷、張自超皆修身善行，未嘗詆朱子，而皆無子，抑又何耶？考望溪出獄即語剛主以程、朱不可妄詆，剛主立起自責，取不滿程、朱語載經説中已鐫板者削之，後將十年，剛主子乃卒。訾謷朱子，至痛改而尚不宥，恐非朱子之意，亦非天所以右朱子意也。

陳衍石遺室文集卷九

望溪文集補遺序

孫葆田

方望溪宗伯古文爲國朝二百年來作者之冠，迄今久而論定，天下學者並無異説矣。望溪集，文淵閣著録凡八卷，提要謂爲門弟子裒集成編，大抵隨得隨刊，故前後頗不以年月爲詮次。又云：「近時爲八家之文者，以苞爲不失舊軌焉。」葆田自年十六七時學爲古文詞，即篤嗜望溪文。初時所讀惟抗希堂本，乃望溪門人王兆符、程崟二君所編次，無卷數，蓋即四庫所收本也。續得外集文讀之[二]，姚姬傳郎中序謂「望溪集乃手自定，此皆其芟去不欲存者」，以年歲考之，殆未必然。最後又得咸豐初戴鈞衡存莊輯刻本，則集外文與補遺俱在焉。戴氏謂「至是搜羅殆盡矣」，而其鄉人蘇厚子前序則有「韓理堂所編逸集與高密單氏所藏遺稿猝不得見」云云。戴氏又謂補遺文十有九篇并讀書筆記數十則實得之高密單徵君。徵君，吾師伯平先生也。韓理堂爲吾鄉先達，其所編逸集亦不知今有存本否？予以是私心嚮往久矣。

壯歲以後，南北奔馳，中更多故，而伯平先生已於甲戌春去世，欲訪求望溪逸文，竟不可得。光緒庚子秋，予年六十有一，以就醫來河南，適書賈以商丘宋氏舊藏書數種求售，中有鈔本望溪集四册，予叔弟魯階知爲予所夙好，用重價購之。比予檢對全集，則有未刻文三十三篇，文内頗具月日并圈點；豈王、程搜輯時未及見耶？抑果宗伯自删之，如姚郎中所云耶？予因書告濰縣高君翰生，將付剞劂，以廣其傳。高君復書謂「高密單氏本今歸伊處，内有書大學平天下傳後、喪服或問補、題韓宗伯家書，又聞見録兄弟之子，共文四篇。曩者，宋晉之庶常嘗以爲戴刻本所遺，請並補入」。予亟陳書索觀，而予叔弟以是年辛丑冬歿於任所。明年，予護喪歸里，與高君

[二] 「外集文」，疑爲「集外文」之誤。

匆匆接晤，亦不暇問此事矣。先是，予叔弟宰武陟，又嘗於陳恪勤公廟搜得方作碑銘一首，石刻完好，亦全集所遺，則提要所謂「望溪雜著古文稿多散失者」，不其然與？

今年春，高君乃屬其從子茂樅攜原稿至河南，予因合宋氏本未刻文及陳公廟碑，略爲編次，命工刻之。或謂予「不可無一言以詳其顛末」。噫！予生平所遭，於倫常多缺憾，至其骨肉之艱難，則有甚於望溪者。老大無成，歲月易邁，顧獨以此區區文字思附驥尾以傳，其尤不能無慨也。望溪宗伯又有尚書集注稿本，存伯平先生所，先生卒後，不知書歸何人。予屢訪未得，附記於此。他日原書若出，有能刻而傳之者，是又予所深望也夫！光緒癸卯仲夏，滎成孫葆田序於大梁寓舍。

徐天祥、陳蕾校點方望溪遺集附録二

望溪文集補遺附記

孫葆田

此集業已刊行，續於宋氏鈔本舊雨集内録得望溪詩一首[一]，今補刊於後。

[一] 方望溪遺集點校者於此處加注，謂即孔明躬耕詠懷。

近得張生宗瑛書，云陳公廟碑乃曹一士諤庭作，詳見錢刻碑傳集。予考諤庭文曰四焉堂文集，四庫全書僅列存目提要，叙其論文宗旨，頗與望溪爲近。方選四書文曾載其君子疾没世而名不稱一義。碑文作於雍正十一年，望溪是歲年六十有七，正充一統志館總裁，或當時屬爲代作亦未可知。又李世蕡墓志銘、李皋侯墓志銘並已見戴刻集外文補遺，予編刻此集時未及校對，近得許君鼐臣書，始詳言之。此三篇今皆删去，附記於此，以志予年衰學荒之愧。時丙午秋七月既望，葆田記於大梁書院舊館。

徐天祥、陳蕾校點方望溪遺集附録二

望溪文集再續補遺序

劉聲木

望溪侍郎文，當時已衣被天下，何待後世？然當時聲望雖重，而侍郎轉不甚愛惜。其門人程崟編刊望溪文集於乾隆十一年，距侍郎之卒，時僅隔三年。侍郎且自謂篋中文未出者十之九，程崟亦謂其古文多散在朋友生徒間，失其稿者十且三四，幸有同時之人愛好其文，爲之輯録。以予所考者言之，門人寧化雷鋐一本，輯得十之八；侍郎又命兒孫自鈔一本，贈門人祁陽陳文肅公大受，見於侍郎致陳占咸書中；其次子道興一有輯本，後歸任心齋，稱爲逸稿；商丘宋氏舊藏鈔本未刊之文，爲孫佩南京卿搜輯編刊補遺；王兆符、顧用方各有輯本；同里光氏亦藏舊鈔本；濰縣韓夢周所編逸集最爲完備，因釐爲十卷，後歸濰縣高氏；其餘仍有仁和邵懿辰輯本、太倉王寶仁輯本、寶應湯品三輯本；光氏刊龍眠叢書中有望溪奏議二卷；吕俊孫復有遺詩一卷，爲刊本所未録。綜記望溪文集初刊本二百五十九篇，程崟就王兆符、顧用方二家所録及己所得近文，增一百二十二篇，爲三百八十四篇。厥後，坊間流行即是此本。戴鈞衡既獲濰縣韓氏本，復合仁和邵氏、太倉王氏二本，文三十六篇，又於侍郎曾孫傳貴、來孫恩露處得未刊文四十七篇，以同里光氏與龍眠叢書本合之，得文一百八十二篇，編爲集外文十卷。後復得寶應湯氏本、高密單氏本，得文二十七篇，乃續編爲集外文補遺一卷。孫氏得商丘宋氏、高密單氏、濰縣宋氏三本，共文三十五篇，去其重複，實只三十二篇。戴、孫二家雖竭力搜輯，用意至勤，而侍郎自藏本至今未見，想已遺佚。以此，世間所稱爲大文者，如湖南洞苗歸化碑文、黄鐘爲萬事根本論、時和年豐慶祝賦迄未得見，蓋其所遺逸者必仍多矣。

予於甲子正月購得望溪集舊鈔本，不知當日爲何人藏本，編中言其中改定之字爲侍郎親筆，以戴、孫二本校之，仍多未刊之文；又從其門人天津王又樸易翼述信、陳恪勤公鵬年道榮堂集、上元朱緒曾國朝金陵詩徵、海寧許承祖西湖漁唱、謝章鋌稗販雜録、桐城蕭穆敬孚雜鈔諸書中，共搜得文三十三篇，詩三十首，編爲望溪文集再續補遺四卷。侍郎之文，論者雖異同不一，要以湘鄉曾文正公之言爲最允洽。文正公論歸、方二家文爲真六經之裔，直接唐、宋八家之後，雖姚惜抱、梅柏梘不克當此選也。然則侍郎之文，其有關於世道人心者甚大。予故先輯此本而刊之，他日或能得寧化雷氏本、祁陽陳氏本及侍郎自藏本，則得重輯爲三、四續補遺，非特予之幸，亦天下後世學人之幸也。己巳五月，廬江劉聲木十枝原名體信字述之自序。

徐天祥、陳蕾校點方望溪遺集附録二

望溪文集三續補遺序

劉聲木

歲在元黓涒灘，安慶省立圖書館陳館長東原寄余以學風，始知合肥劉叔雅教授文典購得方侍郎親筆文稿二帙。亟馳函館長，請其轉商教授乞允録副，二君皆許之。平日與二君固不識也。時余方編輯續補碑傳集二百餘卷，期以五年成書，殫慮竭力，不暇兼及他書。繼思録副之本久扃篋笥，若不早爲輯成，付之排印，以流傳於世，則委二君嘉惠於草莽矣。乃挑燈校録，依類編輯，復增入自輯文五篇，詩三則，共三十七篇，勒爲四卷。後有讀者景仰二君高風，使聲木得與於附驥之列，亦幸事也，爲序其大略於此。己巳五月，廬江劉聲木十枝原名體信字述之自序。

徐天祥、陳蕾校點方望溪遺集附録二

附萇楚齋六筆卷二一則

劉聲木

安徽省立圖書館館報曰學風第二卷第七期載有：合肥劉叔雅教授文典於壬申□月購得桐城方望溪侍郎苞望溪手稿兩巨帙，集中未刊之文約三十篇，皆涂乙改削，至再至三，朱墨爛然，其苦心推敲之迹，見之可悟作文之法，洵如教授所云。余即函懇陳館長東原代爲介紹照原書影鈔。旋得教授復函，慨然應允。逾數月，惠寄影鈔一本。教授原爲出洋留學生，宣統辛亥返國後，歷任北京大學、清華大學、師範大學國文教授、安徽大學文科主任，臯比坐擁數十年，未嘗服官，以文學自食其力，不特學問淵深，爲恒人所難，而高風亮節尤足令人敬畏。其生平喜治秦漢諸子，精研訓詁，考證群籍，儼有乾嘉諸老之遺風。撰有淮南鴻烈集解□□卷、劉向説苑義證□卷、王充論衡集解□卷、三余札記□卷、宣南隨筆□卷，并編譯英、德、日本人撰述若干種，誠多文以爲富者。竊思聲木與陳、劉二君本不相識，一紙函求，皆蒙允諾。徐行可恕更屢以桐城文學家撰述遠道見惠，亦不相識也。三君之雅量厚誼，成人之美，不讓古人。孔子曰：「吾猶及史之闕文也，有馬者，借人乘之。今亡已夫。」東周末造已屬如此，何況世衰道微至於此極！聲木何幸而得此於三君哉！

徐天祥、陳蕾校點方望溪遺集附録二

望溪文稿跋

傅增湘

右方望溪先生文稿三十八篇，咸爲先生手迹。庚午二月，余見於杭州。陳立炎、許言與、張古余抄校諸書，同獲之越中舊家。先生書翰，余昔年在陸慎齋齋中見尺度二册，筆致樸古，政復相類，無可致疑也。此册屬稿之後，更加改定，朱墨爛然，錯出行間，殊足玩味。昔人得老杜墨迹「桃花細逐楊花落」，淡墨改三字。又有得坡公原稿「三尺長脛閣瘦軀」，「閣」字幾數易始定。因悟作詩用字之法。況先生爲古文大家，後學所宗仰，觀其塗乙竄易，日鍛月煉，致思之密如此，則於文事思過半矣。册中諸文其與學圃、與賀生、答顧震滄三箋及記荇甥女、書東鄂氏事略、題夢歸圖、祭尹少宰文，凡八首，見諸文集，餘則咸爲本集所佚。考蘇惇元輯遺文爲集外文，得文一百六十六首，賦詩十六首。戴鈞衡又續輯補遺，得文二十首。亦可云窮搜博訪，不遺餘力矣。然所謂韓理堂所編逸集，任心齋所藏佚稿，迄不可得見。今余亦無意幸獲觀此册，其佚文至三十首之多，倘得好事者，更訪韓、任二家之藏，彙取而鋟諸木，以繼蘇、戴二君之志。其爲功於皖桐，顧不韙歟。嗚呼！海上風煙，楚人一炬，涵芬秘笈，盡化劫灰。而吾輩蟣虱之臣，猶抱此蟲魚之屑，摭殘鈎逸，奮心剬志，以蘄文字一綫之留貽，亦徒見其既愚且妄，不知自量也。悲夫文獻！壬申正月十有八日，江安後學傅增湘識。

徐天祥、陳蕾校點方望溪遺集附録二

提要

四庫全書總目所列方苞著作提要

周官集注十二卷 安徽巡撫採進本

國朝方苞撰。苞字鳳九，號靈皋，亦號望溪，桐城人。康熙丙戌會試中式舉人。官至内閣學士，兼禮部侍郎。後落職修書，特賜侍講銜致仕。是編集諸家之説，詮釋周禮。謂其書皆六官程式，非記禮之文。後儒因漢志周官六篇列於禮家，相沿誤稱周禮。故改題本號，以復其初。其注仿朱子之例，采合衆説者，不復標目。全引一家之説者，乃著其名。凡其顯然舛誤之説，皆置不論。惟似是而非者，乃略爲考正。有推極義類，旁見側出者，亦仿朱子之例，以圈外别之。訓詁簡明，持論醇正，於初學頗爲有裨。其書成於康熙庚子。後苞别著周官辨十篇，指周官之文爲劉歆竄改，以媚王莽。證以漢書莽傳事蹟，歷指某節某句爲歆所增，言之鑿鑿，如目睹其筆削者。自以爲學力既深，鑑别真僞，發千古之所未言。然明代金瑶先有是論，特苞更援引史事耳。持論太高，頗難依據，轉不及此書之謹嚴矣。

四庫全書總目卷十九

儀禮析疑十七卷　江蘇巡撫採進本

國朝方苞撰。苞有周官集注，已著録。是書大旨在舉儀禮之可疑者而詳辨之，其無可疑者並經文不録。苞於三禮之學，周禮差深。晚年自謂治儀禮十一次，用力良勤。然亦頗勇於自信。如士冠禮緇布冠缺項，鄭康成讀缺如頍弁之頍。敖繼公則謂以緇布一條圍冠爲缺項，别以一物貫之，其兩相又以纓屬，自來講儀禮者多用其説。苞謂既有紒以束髮，何爲又以緇布圍冠？據經文乃以青組爲緇，後屬缺項，而前繫於兩相，以結於頤下。不知鄭氏讀缺爲頍，固爲改字，而别注云：「項中有䋏。」疏謂兩頭皆爲䋏，别繩穿䋏中結之。廣韻訓䋏爲缺。類篇曰：「䋏，結也。」則鄭之此注，大可依據，明是缺項有布爲之結，然後加繩。敖繼公説猶有未詳。苞則去敖氏更遠矣。士昏禮「納徵元纁束帛」，苞云致幣之儀不具，何也？士庶人所通行，人皆知之。夫經文儷皮以下既曰如納吉禮，則非以人所通行而略之也。且束帛爲十端，詳於周禮鄭注、禮記雜記注，十箇爲束，二端相向卷之，共爲一兩。苞第云執一兩以致辭，則一兩不知爲何語矣。有司徹「侑俎」二字，蓋總挈羊左肩左肫以下，下節阼俎，則以起羊肺諸品。而苞以前文有侑有俎，謂此衍文。果如所説，則與下阼俎不配，皆不詳考之故也。然其用功既深，發明處亦復不少。於士相見禮，辨注謂賓反見即有燕禮之非。辨張侯下綱之文所以見於鄉射，而不載於大射儀之故，皆由周禮以通之。於聘禮「公答再拜，擯者出，立於門中以相拜」，以爲待公既拜，然後反還振幣。於覲禮，侯氏迎于帷門之外，再拜，解使者不答，以王命未宣，不敢受拜禮。皆細心體認，合乎經義。其他稱是者尚夥，檢其全書，要爲瑜多於瑕也。

禮記析疑四十六卷 江蘇巡撫採進本

國朝方苞撰。苞有周官集注，已著録。是書亦融會舊説，斷以己意。如文王世子以大司成即大司樂，辨注疏以周官大樂正爲大司樂、師氏爲大司成之非。於郊特牲「郊血大饗腥」序薦璧用樂、薦血實柴之次一條，謂凡經傳中言郊禮而有獻薦者，皆爲祭稷之事，其論至爲明晰。於

「饗禘有樂而食嘗無樂」一條，取荆南馮氏之言，引楚茨之詩，以爲嘗當有樂。於内則「天子之閣」一條，謂疏以閣爲庖廚，非是，蓋閣所以置果蔬飴餌也。又「付豚」一條，注疏解爲豚全而羊析，不知是豚胖其鼎，羊以羔耳。於喪服小記「慈母與妾母不世祭」一條，謂庶子之子立禰廟，則可以祭父之生母。於「士不攝大夫，士攝大夫惟宗子」一條，謂大夫以公事出，而家人攝祭，則義當使親子弟，雖無爵者可攝，無攝以宗子之義也。於祭統「祭之日一獻」一條，謂祭禮獻酬交錯，所以和通神人，不宜獻飲未終而爵命群臣以間之，惟特假于廟，故簡其禮而用一獻。今注謂「一獻一酳尸」，疏謂其節當在後，編者誤列於前。皆具有所見，足備禮家一解。他如謂執雁奠雁皆爲舒雁，而非雁鴻之雁。不知禮用雁贄，取其不失時、能守節也。若舒雁則何守節之有？又謂深衣「純袂緣純邊」，純即緣也，「緣」字疑衍。其意蓋謂當作「純袂純邊」。按鄭注曰：「緣，緆也。」孔疏云：「既夕禮鄭注在幅曰綼，在下曰緆。」方氏慤曰：「褎口謂之袂，裳下謂之緣，衣側謂之邊，其純皆半寸。」「緣」字自有典則，非衍字也。凡斯之類，未免武斷，然無傷於宏旨。其最不可訓者，莫如別爲考定文王世子一篇，删「文王有疾」至「武王九十三而終」一段。又删「不能莅阼踐阼而治」八字，及「虞夏商周有師保有疑丞」一段、「周公抗世子法于伯禽」一段、「成王幼至不可不慎也」一段、「末世子之記」一段。夫禮記糅雜，先儒言之者不一，然删定六經，惟聖人能之。孟子疑武成不可信，然未聞奮筆删削也。朱子改大學，刊孝經，後儒且有異同。王柏、吴澄竄亂古經，則至今爲世詬厲矣。苞在近時，號爲學者，此書亦頗有可採。惟此一節，則不效宋儒之所長，而效其所短，殊病乖方。今録存其書，而附辨其謬於此，爲後來之炯戒焉。

四庫全書總目卷二十一

周官析疑三十六卷考工記析義四卷 安徽巡撫採進本

國朝方苞撰。苞有周官集注，已著録。是書以周官爲一編，考工記爲一編，各分篇第，世亦兩本别行。然前有顧琮序，稱合考工爲四十卷，則本非兩書，特不欲以河間獻王所補與經相淆，故各爲卷目耳。其書體會經文，頗得大義，然於説有難通者，輒指爲後人所竄，因力詆康成之注。若太宰以九賦斂財賄，鄭注：「賦，口率出泉也。」今之算泉，民或謂之賦。苞謂九賦即九職邦郊甸稍縣都之田賦，則農所貢公田之九穀，與圃牧嬪婦之貢也。關市之賦，即商賈百工之貢也。山澤之賦，即虞衡之貢也。園圃藪牧，即邦郊甸稍縣都之地。農工商賈嬪婦臣妾閒民，即邦郊甸稍縣都之人。今考載師，首言園廛，次近郊，次遠郊，次甸稍縣畺。明别園廛於甸、稍、縣、畺之外，則九職之園圃，不得合於九賦之邦、郊、甸、稍、縣、都可知。苞以九職之圃牧嬪婦臣妾閒民統於九賦之邦、郊、甸、稍、縣、都，而九賦之關市山澤豈獨出於邦、郊、甸、稍、縣、都之外？經文又何以别舉之乎？苞不過因九職内百工商賈可以當九賦之關市，虞衡可以當九賦之山澤，而園圃藪牧嬪婦臣妾閒民於九賦更無所歸，遂强入於邦郊甸稍縣都之中。庶乎九職九賦得混爲一，即以斥鄭注「口率出泉」之非。而不知鄭注此文，實據本文「財賄」二字起義。外府曰：「掌邦布之入出。」其下曰：「凡祭祀賓客喪紀會同軍旅，共其財用之幣齎，賜予之財用。」注曰：「布，泉也。」泉府曰：「凡國事之財用取具焉。」此皆以泉爲財。荀子曰：「厚刀布之斂以奪之財，重田野之税以奪之食。」則以刀布爲財，與田税爲食對舉。經於九府既云「斂財賄」，則知九賦内兼有泉矣。九賦所以供九式，故九賦曰「財賄」，而九式曰「財用」。凡祭祀、賓客、喪荒、羞服、工事、幣帛、芻秣、匪頒、好用，資於穀者少，資於泉者多，而泉之所入，止有市徵之絘布、總布、質布、罰布、廛布，不過當關市之一賦。此外則惟有宅不毛者之里布，均未足以充九式之用。若不資泉於邦、郊、甸、稍、縣、都等，則職歲所云官府都鄙之出財用，恐終年常不給也。考漢書本紀，高祖四年，初爲算賦，民十五以上至六十五出賦錢，人百二十爲一算。賈捐之傳，民賦四十，丁男三歲一事，是一歲每丁不過賦十三錢有奇。又新論，漢宣以來，百姓賦錢，歲餘二十萬，僅二百貫耳。較之後代封樁留州諸色目，不及萬分之一。而周之九賦，視之亦云薄矣。乃苞襲宋人之説，猶以鄭注「口率出泉」爲厚斂，此因末流而病其本也。又泉府曰：「凡民之貸者，與其有司辨而受之，以國服爲之息。」苞以劉歆增竄此節，附會王莽，且謂司市職以泉府同貸而斂賒，則有賒而無貸明矣。今考周書大匡解曰：「賦洒其幣，鄉正保貸。」又管子：「發故屋，辟故窌，以假貸，而以公量收之。」則是齊之家有貸，由於國有貸也。又左氏傳：「齊使有司寬政，毀闕、去禁、薄斂、已責。」注曰：「除逋責。」又成二年傳亦曰：「楚乃大户已責，逮鰥救乏。」考責即是貸，故小宰曰：「聽稱責以傅別。」鄭注：「稱責謂貸予。」賈疏：「稱責謂舉責生子。於官於民，俱是稱也。」故房玄齡注管子「責而食者幾何家」，亦以責爲出息也。然則貸民之制，自泉府外，既見於小宰，又見於春秋傳、管子。而苞指爲王莽創制，誤矣。管子治國篇曰：「則民倍貸以給上之徵矣。」注：「倍貸謂貸一還二。」此所謂横斂也。若以國服爲之息，約所出不過十一，略使子餘於母，以爲不涸之藏，取於民者微，而濟於民者大，此先王惠鮮之精意。苞乃反以疑經，不亦過乎！又載師：「近郊十一，遠郊二十而三，甸、稍、縣、都皆無過十二。」苞亦指爲劉歆之所竄。不知以近郊、遠郊、甸、稍、縣、都通計之，則四十分而税六，猶是什一而少强耳。賈疏引異義：公羊云「什一據諸侯邦國，載師特據王畿。王畿税法輕近而重遠者，近者勞，遠者逸故也。諸侯邦國無遠近之差者，以其國地狹少，役賦事暇」。據此，則賦逾什一者，止王畿内四百里，而通邦國萬里計之，仍未乖乎什一之大凡也。禹貢因九州差爲九等，荆州田第八，賦第三，雍州田第一，賦第六，通典謂禹貢定税什一而輕重有九等之不同，則知什一乃統九州計之，非每州皆什一也。故三禮義宗謂稅俱什一，而郊內、郊外收藉不同。苞乃力詆經文，亦爲勇於自信。蓋苞徒見王莽、王安石之假借經義以行私，故鰓鰓然預杜其源。其立意不爲不善，而不知弊在後人之依託，不在聖人之制作。曹操復古九州以自廣其封域，可因以議禹貢冀州失之過廣乎！

四庫全書總目卷二十三

周官辨一卷 安徽巡撫採進本

國朝方苞撰。是書就周禮中可疑者，摘出數條，斷以己見，分別僞、辨惑二門。大旨以竄亂歸之劉歆，凡十篇。已録入所著望溪文集中，此其初出別行之本也。

四庫全書總目卷二十三

春秋通論四卷　江蘇巡撫採進本

國朝方苞撰。苞有周官集注，已著録。是編本孟子「其文則史，其義則某竊取」之意貫穿全經，按所屬之辭合其所比之事，辯其孰爲舊文，孰爲筆削，分類排比，爲篇四十。每篇之内又各以類從，凡分章九十有九。考筆削之迹，自古無徵。公羊傳曰：「不修春秋曰：『賈星不及地尺而復。』君子修之曰：『星賈如雨。』」原本、改本並存者，此一條耳。左傳甯殖曰：「載在諸侯之策，曰：『孫林父、甯殖出其君。』」經文則曰：「衛侯衎出奔齊。」其爲聖人所改與否，已不可定。至左傳稱仲尼謂以臣召君不可以訓，書曰「天王狩於河陽」，則但有改本，不知原本爲何語矣。故黄澤曰：「春秋所以難看，乃是失却不修春秋。若有不修春秋互相比證，則史官記載，仲尼所以筆削者，正自顯然易見。」是自昔通儒已以不見魯史、無從辯别爲憾。苞乃於二千餘載之後據文臆斷，知其孰爲原書、孰爲聖筆，如親見尼山之操觚，此其説未足爲信。惟其掃公、穀穿鑿之談，滌孫、胡鍥薄之見，息心静氣，以經求經，多有協於情理之平，則實非俗儒所可及。譬諸前修，其吴澄之流亞歟？

春秋比事目録四卷 江蘇巡撫採進本

國朝方苞撰。苞有周官集注，已著録。苞既作春秋通論，恐學者三傳未熟，不能驟尋其端緒，乃取其事同而書法互異者，分類彙録，凡八十有五類。然宋沈棐、元趙汸皆已先有此著，沈書僅有鈔本，趙書亦近日始刊行。苞在康熙中，二書未出，故不知而爲此屋下之屋，猶之顧棟高未見程公説書，乃作春秋大事表也。

四庫全書總目卷三十一

望溪集八卷 江蘇巡撫採進本

國朝方苞撰。苞所作周官集注已著録。其古文、雜著，生平不自收拾，稿多散失。告歸後，門弟子始爲裒集成編，大抵隨得隨刊，故前後頗不以年月爲詮次。苞於經學研究較深，集中説經之文最多。大抵指事類情，有所闡發。其古文則以法度爲主。嘗謂周、秦以前文之義法無一不備，唐、宋以後步趨繩尺，而猶不能無過差。是以所作上規史、漢，下仿韓、歐，不肯少軼於規矩之外。雖大體雅潔，而變化太少，終不能絶去町畦，自闢門户。然其所論古人榘度與爲文之道，頗能沈潛反覆，而得其用意之所以然。雖蹊徑未除，而源流極正。近時爲八家之文者，以苞爲不失舊軌焉。

四庫全書總目卷一百七十三

欽定四書文四十一卷

乾隆元年内閣學士方苞奉敕編明文。凡四集：曰化治文、曰正嘉文、曰隆萬文、曰啓禎文。而國朝文别爲一集，每篇皆抉其精要，評騭於後。卷首恭載諭旨，次爲苞奏摺，又次爲凡例八則，亦苞所述，以發明持擇之旨。蓋經義始於宋，宋文鑑中所載張才叔自靖人自獻於先王一篇，即當時程試之作也。元延祐中，兼以經義經疑試士。明洪武初，定科舉法，亦兼用經疑。後乃專用經義，其大旨以闡發理道爲宗。厥後其法日密，其體日變，其弊亦遂日生。有明二百餘年，自洪、永以迄化、治，風氣初開，文多簡樸。逮於正、嘉，號爲極盛。隆、萬以機法爲貴，漸趨佻巧。至於啓、禎，警闢奇傑之氣日勝，而駁雜不醇、猖狂自恣者亦遂錯出於其間。於是啓横議之風，長傾詖之習。文體盩而士習彌壞，士習壞而國運亦隨之矣。我國家景運聿新，乃反而歸於正軌。列聖相承，又皆諄諄以士習文風勤頒誥誡。我皇上復申明清真雅正之訓，是編所録，一一仰稟聖裁。大抵皆詞達理醇，可以傳世行遠。承學之士於前明諸集，可以考風格之得失；於國朝之文，可以定趨嚮之指歸。聖人之教思無窮，於是乎在，非徒示以弋取科名之具也。故時文選本，汗牛充棟，今悉斥不録，惟恭録是編，以爲士林之標準。原本不分卷第，今約其篇帙分爲四十一卷焉。

四庫全書總目卷一百九十

鄭堂讀書記所列方苞著作提要

周中孚

周官集注十二卷 望溪全集本

國朝方苞撰。苞字鳳九，號靈皋，亦號望溪，桐城人。康熙丙戌會試中式進士，官至禮部右侍郎。後落職修書，特賜侍講銜致仕。四庫全書著録望溪於周禮嘗析其疑以示生徒，猶苦舊説難自別擇，乃並纂録合爲是編，據漢志之文，改題周禮曰周官。其注依朱子注論、孟例，凡承用注疏及掇取諸儒一二論串合己意者，皆不復識别；全述諸儒及時賢語，則標其姓字。正解本文者居前，總論居後，其注疏及諸儒之説必似是而非者乃辨正之。大旨在發其端緒，以著聖人經理民物之實用，俾學者勿徒以資文學也。故凡名物之纖悉、推説之衍蔓者，概置弗道。其訓詁頗爲簡明，深有裨於初學。前有康熙庚子自序及總説條例。

鄭堂讀書記卷三

周官辨一卷 望溪全集本

國朝方苞撰。四庫全書存目前有自序，謂「鄭氏以漢法及莽事詁周官，多失其本指。而莽與歆所竄入者實有數端，學者既無據以别其真僞，而反之於心，實有所難安，故其惑至於千數百年而終莫能解，苟非折以理之至是，而合其心之同然，則是經之蠹蝕終不可去，故不得已而辨正焉。」今案其書，凡辨僞二篇，辨惑八篇，多以漢書莽傳之文證其某節某句爲子政所增入，蓋與明金德温瑶周禮述注、本朝萬充宗斯大周官辨非，皆若親得周公舊本一一互校而知者，其無稽更不足辨矣。厥後又作周官析疑以暢發其旨，何其與十餘年前著周官集注之心大相刺謬耶！前又有雍正乙巳龔纓、乾隆壬戌顧琮二序。

鄭堂讀書記卷三

周官析疑三十六卷考工記析疑四卷 望溪全集本

國朝方苞撰。四庫全書存目是編以周官及考工記各自爲帙者，蓋以五官經文出於周公，而記乃周末齊、魯間曉工事而工文辭者爲之也。前有乾隆癸亥顧用方琮序，稱「望溪方先生讀王莽傳，忽悟皆莽之亂政而劉歆增竄聖經爲之端兆，以惑愚衆。每事摘發，爲總辨十篇。又復貫穿全經，比類以明其義。予聞之豁然心開，勸先生筆之於書。五官之説合考工記凡四十卷，讀經之法、治政之方，皆可以得其門徑矣。」今觀其書，皆摘經文爲説，自出特見，逐節爬梳，以析其疑。其疑經斥鄭，不一而足，甚至論子政，則證以公孫禄、班史、王介甫新法罪由康成，而於古人之疑周官爲僞作，咸詆爲道聽塗説而未嘗一用其心；即麤用其心，而未能究乎事理之實者也。見文集周官辨僞一。此所謂楚則失矣，而齊亦未爲得也。前有朱可亭軾、陳滄洲鵬年二序，其文集中本有是書自序，而此本不載，蓋佚脱爾。

儀禮析疑十七卷 望溪全集本

國朝方苞撰。四庫全書著録是書爲其門人程崟所纂，前有崟序，稱其「公事之暇，畢力於春秋、周官者幾三十年，惟儀禮雖時與朋友生徒講論，而未嘗筆之書。以少苦難讀，未經倍誦，恐不能日類以盡其義，七十以後，晨興必端坐誦經記本文。其有心得，乃稍稍筆記。自有先生之説，然後聖人之察於人倫，而運用天理者，雖婦人孺子，聞之亦犂然有當於其心。」今案其書摘經文爲説，舉是經疑義，剖析入微，雖其學源出宋人，頗嫌其自用，然而用功既深，往往發明前人所未發。棄所短而取所長，亦足爲説禮之津梁矣。

鄭堂讀書記卷四

喪禮或問二卷 望溪全集本

國朝方苞撰。康熙壬辰、癸巳間，望溪以事繫獄，既作禮記析義四十八卷，復出其餘力作是書，以爲教於家者。凡儀禮或問二十七章，戴記或問五十五章，其於先王制禮之意，有灼知曲盡而非傳注所能及者。自謂撥人心之昏蔽，而起其善端，莫近於是書。然其於經文説不通處，輒稱莽、歆所增竄，則與其所作周官辨及析疑二書同一用意，厚誣古人矣。前有雍正丙午劉古塘捷序，後有康熙丙申其從子道希跋。

禮記析疑四十八卷 望溪全集本

國朝方苞撰。四庫全書著録是編乃其於康熙壬辰、癸巳間在獄中所作。前有自序，稱「陳氏集説，始視之若皆可通，及切究其義，則多未審者。因就所疑而辨析焉，第於所指之事、所措之言無失焉，斯已矣。宋、元諸儒因其説而紬繹焉，其於辭義之顯然者，亦既無可疑矣，而隱深者則多未及焉。余之爲是學也，義得於記之本文者十五六，因辨陳說而審詳焉者十三四，是因陳氏之有以發余也。」案其書於禮記，每篇皆摘句爲解，融會諸家舊說，而以己意斷之。其持義多允，頗足以補正陳氏之失，惟以文王世子一篇爲劉歆所增竄，因重定一篇，删削經文至五六節，不脱王柏、吴澄之習氣矣。

春秋直解十二卷 抗希堂刊本

國朝方苞撰。苞仕履見禮類。前有自序，謂「余之始爲是學也，求之傳注而樊然殽亂，按之經文而參互相抵，蓋心殫力屈，幾廢者屢焉。及其久也，然後知經文參互及衆説殽亂而不安者，筆削之精義每出于其間。所得積多，因取傳注之當者，并己所見，合爲一書。」蓋以胡傳有所未安，因自著一春秋傳以駕乎其上，大都融會宋、元、明諸儒之説而成，其間明著傳注之出處者亦時有之。望溪本古文作家，始著春秋通論百章分别其條理，繼成是書，凡通論所載，悉散見于書中，而不復易其辭，詳見此書之後序中。故謂是編爲絶妙好文字則可，若言乎堪以方駕胡傳，則愚未敢以爲然也。

春秋通論四卷 望溪全集本

國朝方苞撰。四庫全書著録是書會通全經，而律以比事屬辭之義，爲論四十篇。每篇多或八九章，少或一二章，凡分章九十有九，皆以類相從，辨其孰爲舊史之文，孰爲孔子所筆削，如親見聖人，口授其傳指，以合孟子「其文則史，其義則某竊取」之意，究未免憑虛臆度。所以求之愈深，失之愈遠也。然能以經求經，使穿鑿刻酷兩家俱當退避三舍，則亦有可取者在矣。其文多與所撰春秋集解相同，蓋彼則散見，而此其總匯也。前有朱軾、顧琮、魏定國三序。

春秋比事目録四卷 望溪全集本

國朝方苞撰。四庫全書存目，望溪以程子有云：「春秋不可每事必求異義，但一字異，則義必異。」因循是説以求之，而曲得其精藴。既而通論四十篇，以揭比事屬辭之義，猶恐讀者未熟于三傳，旋復檢視事迹，以求其端緒，未免重費日力，乃復别其事爲八十五類，以爲比事目録。學者欲觀通論，必先取是編而思索之，然後展通論而切究之，則可以一旦豁然貫通矣。考宋沈文伯春秋比事、元趙東山春秋金鎖匙，皆先具此條例，不始于望溪也。然兩家書俱取其事之相類者互相推勘，以考究其異同，而申明其正變，是編則但類其事，其説則别爲一書，究與兩家書不類。況其時兩書未出，非有意于相襲可知也。卷首有乾隆甲子其門人顧琮序。

鄭堂讀書記卷十一

史記注補正一卷 望溪全集本

國朝方苞撰。苞仕履見禮類。望溪以史記中句法有不甚可解，而三家注俱未發明，或發明而失其指者，所在多有，因撮舉其文，重爲之注，以補正之。凡三百四十餘條，亦足備讀史者之一助。然於周本紀「西伯蓋受命之年稱王」云云，欲删去「之元年稱王」及「改法度制正朔」共十一字，以爲方能辭義相承，渾成無間，而詆原本或亦爲劉歆輩所僞亂，此則無稽之言也。

鄭堂讀書記卷十五

續修四庫全書總目所列方苞著作提要

書義補正不分卷 鈔本

清方苞撰。苞字鳳九，號靈皋，亦號望溪，桐城人。康熙丙戌進士，官至内閣學士，兼禮部侍郎。後落職修書，特賜侍講銜致仕。苞教授高密，以詩、書授諸生，其已刻行者詩義補正。而是書原稿舊藏朝邑閻氏，本名尚書述，其目凡八，曰正義、曰考證、曰考定、曰辨正、曰通論、曰餘論、曰存異、曰存疑，卷帙頗繁重。桐城馬其昶因録取案語别出之，題以今名。

續修四庫全書總目提要（稿本）第十六册

朱子詩義補正八卷 光緒三年重刻本

清方苞撰。苞有周官集注，清四庫總目已著録。其所著書，除所傳行十六種外，聞尚有讀易偶筆、讀尚書偶筆。是編爲其門人高密單作哲編次，曾經刊行。當日印本無多，流傳未廣。光緒初，南海馮焌光乃取桐城蕭敬孚手抄本重刻。其中議論雖多醇正，亦往往有不合事理者。如燕燕先君之思，謂古文相愛以德，愛之篤則憂之深，以莊姜之賢與戴嬀相信之久，而其别也，猶勉以先君之思，若懼於婦道之不終者，厚之至也。不知莊姜本以思先君之故，勉戴嬀以討賊復仇，不曰勖仲氏而曰勖寡人，此自立言之妙。豈有戴嬀之於莊姜，尚懼其婦道之不終者乎？載馳「控于大邦」，謂許大夫止夫人之行，必曰「吾將爲控于大邦」，此許人之所思也。故夫人疑之曰：「控于大邦，果何所因何所至乎？爾無我尤，爾所思不如我所之也。」不知控于大邦者，許夫人之志也。大邦即齊。今欲赴告齊國，以紓衛難，明其亂之何由生，並究其禍之何以甚。大夫君子毋以我行爲過，不如我所思往。厥後齊卒助衛，蓋夫人之力。今以控于大邦爲許人之所思，失其義矣。第其大意，雖云尊朱，然於遵大路、有女同車、風雨及采薇、出車、杕杜諸篇，皆取小序。又集傳從劉敞、鄭樵，以笙詩六篇爲有聲無辭。方則云虞書「詩言志，歌永言，聲依永，律和聲」，無辭則聲無所附，不能成樂調。孔子既祥，十日而成笙歌，笙而曰歌，有辭明矣。春秋傳：宋公亨叔孫婼，賦新宮。新宮，下管也。苟無辭，則何以云賦？其論甚確。足匡朱子，無所偏主。茲其所以作補正之微旨也歟？

續修四庫全書總目提要（稿本）第一册

喪禮或問一卷 抗希堂集本

清方苞撰。苞有周官集注、儀禮析疑諸書，四庫全書已著録。是書首有劉捷序，略言吾友望溪出喪服或問質余。則獄中所著，其於先王制禮之意，有灼知曲盡而非傳注所能及者。余欲廣其傳，固止之曰：無其行而有其言，可增吾恥。余退而思之，古聖賢之論喪可謂切至，而世鮮能行，以未知禮之所由制，故未能反求諸身以自省察。使覩是編者，亦如望溪之自訟而懼且慚，不猶可無悖于喪之疏節？故刊而布之，並載其言，以俟後之君子云云。末題雍正四年劉捷古塘氏撰。茲爲釐覈，是書喪禮或問，在儀禮者自喪禮不及高祖，父在爲母齊衰期，至母姊妹之服隆於母之兄弟，凡二十七章。在戴記者，自在堊室之中，非時見乎母，不入門，至士之子爲大夫，則其父母弗能主，凡五十五章。按儀禮之載喪禮，最爲完備，而後代則多有改更。如父在爲母齊衰期、婦爲舅姑齊衰期之類。近代則均加重。武氏之制，父在爲母齊衰三年。洪武之制，則又加重爲斬衰。當以馬后先殁。是書謂古之爲喪責其實，後世爲喪侈其文。古者服有厭降，而居處飲食一如其常期。是文雖屈而不害其實之伸。若實之亡而徒以三年爲隆，是相率而爲僞。又論婦爲舅姑齊衰期，言婦之痛其舅姑，信及子之半，可以稱婦順。其義之重，比於孫之喪，其禮不可謂非隆。後世易以斬衰三年將責其誠，抑任其僞。此以知禮非聖人不能作云云。洵爲確論。胡氏正義採華氏學泉説，人之親其父，常不如親其母，同母于父者，人情之私。宜乎武氏之制，迄千百年莫之能正，又從而加甚。胡氏正義謂今有聖人作，於此必有所不安。然今五洲大同，夫妻齊等，竟不可易。則母喪同父，將爲萬世定制。又戴記或問内，謂嫂叔無服。先王制禮，使人自别于禽獸，此則有可議。按貞觀十四年魏徵諸人已有長年之嫂，遇孩童之叔，劬勞鞠養，情若所生。及其死也，則曰推而遠之，求之本原，深所未諭。故有服小功之制。韓昌黎集於嫂鄭誌曰：兄命服以期，此則小功爲服。亦曲體人情天理之至，不可以變禮非之。但是書則重在保存古禮，雖難盡行，自係守經之論。惟於大夫爲其父母未爲大夫者之喪服，則多指爲莽、歆所增竄，則近於疑經，似未合也。

春秋直解十二卷 望溪全集本

清方苞撰。苞字靈皋，號望溪，桐城人。康熙丙戌貢士，未殿試，雍正九年特授中允。官至禮部右侍郎，罷復賞侍講銜。治春秋以比事屬辭之法，著通論九十七章。更爲直解十二卷，意取平易正直，謂齊桓城三國而書辭各異，此皆以其實書也：邢則齊帥二國以城之；緣陵則命諸侯城之，而齊不與也；楚丘則命魯獨城之，而諸侯不與也。文之篇盟扈、會扈，總言諸侯而不序。謂七年盟扈，以晉大夫而主諸侯也，十五年盟扈，十七年會扈，以晉大夫列序諸侯之上也。爵等同而或稱人，或稱爵，或稱行次，或稱名。凡此皆舊史之文，以爲褒貶所寓者非也。吴、楚、徐、越之或稱國，或稱人，或備君臣之辭，而一于齊、晉，皆舊史之文，隨世以變，因其勢之彊弱以爲詳略，而孔子因之以見世變者也。桓之大夫不書卒，以爲皆可誅。晉州蒲、吴僚之弑，不書晉人、吴人，使欒書、公子光不得脱于是獄之外。子野卒以毁，乃季氏之誣辭。内叛不書，乃不爲三桓討賊。凡此類皆以直而得之。簡儀親王序，謂聖人作春秋，辨是非以正王法，所以存三代之直道，至方子而後得其宗。評騭未免太過。門人程崟後序，謂墨子著書，言多不辨，恐人之懷其文而忘其質也。是亦先生之志。其書於春秋微辭隱義，果能盡得其指意端緒與否，未可知。然其文則日光玉潔，義之安，説之貫，與夫屈摺經義，曲爲之説，而本義鬱闇而不彰者自殊。蓋仍以文辭耀明於世而已矣。

續修四庫全書總目提要（稿本）第四册

左傳義法舉要一卷 金匱廉氏刊本

清方苞撰。自真德秀文章正宗録春秋左氏傳，以叙事議論辭令標目，置經義而論文章。明萬曆中，刊有左傳節文，託名宋歐陽修，删削傳文，論章法句法字法，並分品目。大興王源文章練要，復沿其波，評春秋三傳，以文法點論而去取之。四庫提要亦附之春秋類。苞與源同治古文，並宗左、史。門人王兆符、程崟從問左氏營度爲文之意，爲舉韓之戰、城濮、邲、鄢陵四篇及宋之盟、齊無知之亂，於首尾開闔、虛實詳略、順逆斷續、包括貫穿之法，推闡爲詳。亦自謂爲文義法，學者所宜知而非所急也。左傳本以釋經，宋以後相沿而論文，至以宣、成以後，辭或澶漫，於篇中可薙芟者，句畫以示其略，未免帖括家之積習矣。

續修四庫全書總目提要（稿本）第六十四册

方氏左傳評點二卷 光緒十九年癸巳刊本

清方苞撰。苞字靈皋，號望溪，桐城人。寄籍上元。康熙進士，累官禮部侍郎，以事落職者再。論學以宋儒爲宗，其説經皆推衍程、朱之學，尤致力於春秋、三禮。文學韓、歐，嚴於義法，非闡道翼教、有關人心風化者不苟作。爲桐城派之初祖。所著有周官析疑、春秋通論、春秋直解、禮記析疑、喪禮或問、儀禮析疑、春秋比事目録、左傳義法舉要、望溪文集等書，又删定管子、荀子、史記注及通志堂宋元經解，補正離騷正義，評點左傳、史記等書，行於世。是編前有光緒癸巳金匱廉泉題記云：「果親王刊本左傳，望溪方氏奉教所點定也。泉嘗於滎城孫佩蘭先生處得讀其書。顧原本傳印甚稀，海内學者未能家有其書。今援馬平王氏輯歸方史記合筆例，摘録訖起，爲方氏評點二卷，以附左傳義法舉要之後。」前此本蓋金匱廉泉據果親王刊方氏評點本之所輯録也。其書都凡上下二卷，不録全經，惟倣馬平王氏輯録歸方評點史記之例，摘録訖起，而墨色點法，附注其下。大抵辭義精深處用丹筆，叙事奇變處而緑筆，脈絡相灌處用藍筆。又分坐點、坐角、坐圈三種，以示遣詞、造語、鍊字諸法。今核其書，雖推敲字義，尋求語脈，纖巧佻仄，於經義了不相關。然觀其評點，亦足以闡明左氏之義法，此其所以存歟？

讀經一卷 乾隆十三年刊本

清方苞撰。書中論三禮諸篇，於意所不合者，硬以爲劉歆竄入，其見於書序、荀子、史記，顯然有證者，則概以爲歆所竄入，後來説經，未有如此武斷者。大旨崇宋而抑漢，奉程、朱以壓鄭康成。惟讀古文尚書，不以朱子所疑爲然，據史記儒林傳「安國以今文讀之」，及安國自序「考定文義，定其可知者」等語，謂「本文缺漫，及字體爲伏生之書所不具者，不得不稍爲增損，以足其辭、暢其指意，此增多二十五篇，所以獨爲易曉」云云。此則可爲藉朱子以攻古文者塞其口矣。

續修四庫全書總目提要（稿本）第十四册

史記注補正一卷 廣雅書局刻本

清方苞撰。苞，安徽桐城縣人，由舉人官至禮部右侍郎，系直南書房，著述甚多。耆獻類徵諸書均有傳。是書以集解、索隱、正義三書成注，有未盡及未合者，故著補正。但只自言所見，而主抉摘注所漏略及紕繆者。始黄帝紀萬國和，而鬼神山川封禪盛爲多，終太史公自序、厥協六經異傳，整齊百家雜語。凡紀、表、書、世家、列傳内，有所别白者，乃爲補正。有正于詁釋者，如帝嚳紀「歷日月而迎送」，引屈子「歷情而陳辭」，月令「命宰歷卿大夫，至於庶人」，爲稽核而步列之。周本紀「我惟顯服」，與尚書「自服于土中」同義，爲我思修明政之類。有辨正諸書者，如周本紀「周公葬我畢」，辨書傳成王背周公垂死之言爲謬。魯世家「伯邑考其後不知所封」，辨檀弓「文王舍伯邑考而立武王」爲不足據之類。有發明新義者，如周本紀「存亡國宜告」爲隱括洪範而爲言，秦始皇本紀「百姓内粟拜爵」爲求免徵發[二]。而補正索隱、正義則有之，而集解則鮮。但是書以秦、漢尊君抑臣，徵斂滋多，古法蕩滅爲深慨，如高祖功臣年表，謂「坐酎金失侯者百餘人，言古道篤于仁義，以安勳舊，而今任法刻削，不同于古，爲帝王各殊禮異務以成功，刺武帝用一切之法侵奪群下」。平準書爲竭天下資財以奉其上，猶自以爲不足。儒林傳謂自孔、孟以來相承之統，經戰國、秦、漢絀滅擯棄而未嘗絶者，弘以一言敗之。謂公孫弘曲學阿世，利禄□學，可謂能見其大。蓋自是而匡、張、孔、馬之徒，違袟爲公卿矣。酷吏傳「張湯以知陰陽，人主與俱上下，時數辯當否，國家賴其便」，謂「武帝生事開釁，財匱姦生，欲假刑威以劫之。便者，便上之私而不顧民之害」。遊俠傳

[二]「秦始皇本紀」，原作「秦本紀」，據方苞史記注補正改。

「竊鈎者誅」，爲俠客之捍文網；「竊國者侯」，爲弘、湯誣上殘民以竊高位。按方氏所言，尚未至乎其極，宋儒學案言漢祖、唐宗不成就一身一家事業，與僕區何異？僕區，盗也。此極有見地。是書所論，誠後世人君之龜鑒，不止爲史公之功人也。

續修四庫全書總目提要（稿本）第二十三册

删定荀子不分卷 乾隆刊本

清方苞選。苞有周官集注，前目已著録。苞以爲荀子述先王之禮教，而義駁辭蔓，學者病焉，因删其辭之繁而塞、詭而俚者。其删全篇者，則有成相、致仕、强國、賦篇，共四篇；删章節者，幾無篇無之。考韓愈讀荀子曰：「孔子删詩、書，筆削春秋，合於道者著之，離於道者黜去之，故詩、書、春秋無疵。余欲削荀氏之不合者，附於聖人之籍，亦孔子之志歟！」然則苞爲此者，蓋有所本。序雖不言，意可曉也。自韓愈謂荀書小疵，宋儒復攻其性惡之説，於是貶斥荀子者日衆。晁氏郡齋讀書志亦謂其指往往不能醇粹，故後儒多疵之云。清代漢學大儒，多反其説，而錢大昕跋謝刻荀子、汪中荀卿子通論二篇，義允辭嚴，始歸于正。須知戰國之政治、學術、人心、風俗，與春秋迴異。荀卿之言，皆因乎時勢，而大旨遵乎仲尼。唐宋諸儒，偏執己見，而不自知其謬也。苞乃文章之士，本不足以語學術之旨，今就所删諸篇論之：致仕篇曰：「程者，物之準也；禮者，節之準也。程以立數，禮以定倫，德以叙位，能以授官。凡節奏欲陵，而生民欲寬。節奏陵而文，生民寬而安。上文下安，功名之極也，不可以加矣。」論最篤實，删之何爲？强國篇曰：「夫義者，内節於人，而外節於萬物者也。」其説最精，而苞竟删之，亦不知其何意。至於成相及賦篇，皆爲有韻之文，蓋自禮樂崩壞，歌謡失采，楚人文學，獨冠當時。荀況適楚，染其文風，以北方樸茂之質，而浸淫楚人之文藝，故其所撰，既變詩體，復異離騷，正可觀當時文藝之情狀。而苞竟删之，是不特不知學問之大，且不知文學之流變矣。竟襲孔子删定群經之名，不亦妄乎！

删定管子不分卷 乾隆刊本

清方苞選。苞有周官集注，已著録。苞以管氏之書，掇拾近古之政法，其義駁辭蔓，則衆法家所附綴而成，且雜以道家之説，齊東野人之語，因删其辭之繁而塞、詭而俚者。或棄全篇，或删章節，與其删定荀子例同。管子一書，自爲僞託，無待深辨。然觀史記管仲傳及本書解篇，其源甚古。且有弟子職、内業、地員諸篇，通於經傳，豈可妄删！至雜以道家之説，則法家之本也。刑名原於道德，韓子有解老、喻老，史記以申、韓與老、莊同傳，曷足異乎？就其所删論之，亦不可解。幼官一篇，乃古代月令五行之説；内業見於漢志，删節已爲不合。宙合以後解前，取而不舍，心術篇例，同於宙合，何以獨去？臣乘馬以下，政法古誼，而任心删削，祇見其謬而已。

續修四庫全書總目提要（稿本）第十三册

離騷經正義一卷 抗希堂全集本

清方苞撰。苞有詩義補正八卷，已著録。是編爲抗希堂全集中之一種，其書都爲一卷。取離騷之文，逐段詮釋，間亦掇拾諸家之説，疏通証明，附之己説之下。按史記但稱屈原著離騷，不名爲經。至王逸章句，始於離騷加「經」，而於九歌、九章加「傳」字。是編於離騷稱經，殆從逸本。核其所注，皆推尋文意，以疏通其旨，詞義淺近，頗稱簡要。其於舊注，亦能汰其冗蕪，循文詮釋，往往深得騷人之旨。惟離騷之作，文重義隱，寄託遥深，自漢以來，諸家訓詁，時多違舛。苞乃以臆測之見，欲貫通全篇，於屈子隨時抒望、觸物興懷之旨，亦多未洽。如釋「日月忽其不淹兮，春與秋其代序，惟草木之零落兮，恐美人之遲暮」云：「日月不淹，自懼壯盛日徂，英華銷委，又恐君年遲暮，過時而難與圖治也。」釋「不撫壯而棄穢兮，何不改乎此度？乘騏驥以馳騁兮，來吾道夫先路」云：「穢謂群小，以衆芳比賢，故以穢比群小。恐美人之遲暮，故欲其撫壯而棄穢也。騏驥喻賢人，君度之迷亂，以群小之穢德累之，棄穢則必改度，改度則必乘騏驥，而已可爲君前導矣。」若斯之類，大抵皆以意爲之，無所依據，未必果騷人之本意也。總之，其書但知拘言詮涉理路，鮮有考證發明，故其所釋，終屬意測詞，不能一一徵信焉。

續修四庫全書總目提要（稿本）第十九册

方望溪奏議六卷 家刻本

清方苞撰。苞見前。上元縣志稱苞當官敷奏，俱關國計民瘼。今觀此卷所載，直抒所見，不肯一字稍涉詭隨，且煌煌鉅篇，俱係經國遠謨，令人想見其在朝嚴謂端方之概。朱軾乃謂其性剛言直，恐不免國武子之禍，似未爲知苞也。

續修四庫全書總目提要（稿本）第三十五册

望溪集不分卷 乾隆十一年程氏刻本

國朝方苞撰。苞字靈皋，號望溪，桐城人，仲舒次子。康熙四十五年會試中式，未廷試，以母疾歸。五十年，坐南山集累，編旗籍。五十二年，召入南書房，官至禮部侍郎。乾隆四年落職。越三年，賜侍講銜，歸。年八十二卒。其文散在徒友間，失稿者十且三四。初，門人大興王兆符嘗録苞經説、古文，雍正九年，復手録文集，爲之序。又滿洲顧琮嘗録苞文十之四，其由郵致者十之二，乾隆五年，亦編録爲之序。然皆未刻。至乾隆十一年，門人歙縣程崟始就王、顧所録，及所得近稿刻之，凡二百五十九篇，各以類從，不分卷。已又增刻百二十二篇，然亦有已刻而撤去者，世傳爲苞自定。據蕭穆敬孚類稿，穆曾見初刻本，載師友門生批評，凡三百二十五條，都一百四十餘人，後悉削去。又據戴鈞衡重編集序增刻本，篇數多寡亦微有不同，最多之本爲三百八十四篇，即鈞衡所據本也。惟全祖望結埼亭集方定思墓誌載：苞謂祖望「文未出者十九，願異日與吾兒整頓之」，蓋即指程刻以外之文。苞父子既先後卒，祖望亦卒於乾隆二十年，終未踐整頓之約。蓋程刻之文，皆苞所稱意者，其他作尚夥，或其時尚有避忌，或尚待改訂，亦尚有不欲存者，皆程刻所不及知。雖後來迭有增輯，而以苞所云十九未出者論之，尚多闕佚。其顯見者，如兩朝聖恩恭紀，内載湖南洞苗歸化碑文、黄鐘爲萬事根本論、時和年豐慶祝賦，叙交内載三事九篇之書，今皆不傳。又敬孚類稿載寧化吴賢湘藏苞與雷鋐尺牘數十紙，伊秉綬分其半，縣人汪志伊得六紙，而鈞衡所搜集外文并補遺亦無之，則流落何可勝計。道光通志據四庫目録作八卷，似程刻外，又有别本，然不可考。苞論文主義法，嘗謂南宋以來，義法不講久矣。吴、越遺老，尤放恣，無一雅潔者。古文不可入語録語、魏晉六朝人藻麗俳語、漢賦中板重字法、詩歌中雋語、南、北史佻巧語。素不喜班史及柳文，條舉所短而詆之，人或以爲過，而苞守其説彌篤。萬斯同嘗勸其勿溺於文，遂壹意窮經，尤嗜宋五子之言。其論行身祈嚮曰：「學行維程、朱之後，文章在韓、歐之間。」兆符謂苞於是言，實身肩而力取之。李光地亦謂爲韓、歐復出，其文體正法嚴，蓋能韓之筆、闡程、朱之理者也。

望溪集外文不分卷 嘉慶十七年刻本

國朝方苞撰。案濰縣韓夢周及苞次子道興皆嘗輯苞遺文，韓本未刊，道興本交震澤任兆麟，亦未行世。是集乃苞曾孫傳貴所輯，凡五十二篇，嘉慶十七年刻，並跋。惟書符節婦任氏家傳，即程刻二貞婦傳；與清河書，即程刻與蔣相國論征澤望事宜書；與喬介夫書，即程刻答友書。又葛君墓誌銘、王彦孝妻墓碣，已見程刻，實止四十七篇。據傳貴跋，與喬介夫書，但著其同異，不更刊，而是刻仍有之，莫詳其故。又姚鼐惜抱軒文後集有望溪集外文序，傳貴跋稱問序於當世名人，蓋即指此。又據苞來孫恩露遺文跋，集外文之刊，皆經鼐手訂，是又不僅作序。戴鈞衡重編集外文，録各序跋，而遺鼐序，殆失之目睫也。

續修四庫全書總目提要（稿本）第三十六册

望溪文集十八卷集外文十卷補遺二卷年譜二卷 清咸豐元年戴氏刻本

清方苞撰。苞字靈皋，號望溪，桐城人，寄居上元。康熙進士，累官禮部侍郎，以事落職者再。論學以宋儒爲宗，其説經皆推衍程、朱之學，尤致力於春秋、三禮。文學韓、歐，嚴於義法，非闡道翼教、有關人心風化者不苟作。爲桐城派之祖。有撰述數種，均著録前編。按望溪集之初，爲其諸門人所輯刻，共八卷，前編已經著録。是集爲苞同邑戴鈞衡所編刻，較初刻本文多過半。卷末附蘇惇元所輯望溪先生年譜。今按苞之古文，其波瀾意度，頗有韓、歐陽、王之規橅，視世俗冗蔓猥雜之作，固不可同日語。惜乎其未喻乎古文之義法爾！夫古文之體，奇正、濃淡、詳略本無定法，要其爲文之旨有四：曰明道、曰經世、曰闡幽、曰正俗。有是四者，而後以法律約之，夫然後可以羽翼經史，而傳之天下後世。至於親戚故舊、聚散存没之感，一時有所寄託，而宣之於文，使其姓名附見集中者，此其人事迹原無足傳，故一切闕而不載，非本有可紀而略之，以爲文之義法如此也。方氏以世人誦歐公王恭武、杜祁公諸誌，不若黄夢升、張子野諸誌之熟，遂謂功德之崇，不若情辭之動人心目。然則使方氏援筆而爲王、杜之誌，亦將舍其勳業之大者，而徒以應酬之空言了之乎？六經、三史之文，世人不能盡好，間有讀之者，僅以供場屋餖飣之用；求通其大義者罕矣。至於傳奇之演繹，優伶之賓白，情詞動人心目，雖里巷小夫婦人，無不爲之歌泣者，所謂曲彌高則和彌寡，讀者之熟與不熟，非文之有優劣也。以此論文，其與孫鑛、林雲銘、金人瑞之徒何異？文有繁有簡，繁者不可減之使少，猶之簡者不可增之使多。左氏之繁，勝于公、穀之簡；史記、漢書，互有繁簡。謂文未有繁而能工者，非通論也。「太史公」，漢時官名，司馬談父子爲之，故史記自序云：「談爲太史公。」又云：「卒三歲而遷爲太史公。」報任安書亦自稱「太史公」，公非尊其父之稱。而方以爲稱「太史公曰」者，皆褚少孫所加。秦本紀、田單傳别出它説，此史家存疑之法，漢書亦間有之，而方以爲後人所附綴。韓退之撰順宗實録，載陸贄、陽城傳，此實録之體應爾，非退之所創，方亦不知而妄譏之。蓋方所謂古文義法者，特世俗選本之古文，未嘗博觀而求其法也。法且不知，而義於何有！昔劉原父譏歐陽公不讀書，原父博聞誠勝於歐陽，然其言未免太過。若方氏乃真不讀書之甚者。故其文章之所得，皆古文之糟粕，非古文之神理也。王若霖言：「靈皋以古文爲時文，却以時文爲古文。」方氏終身病之。若霖可謂洞中垣一方癥結者矣。

續修四庫全書總目提要（稿本）第十七册

望溪文集補遺一卷 光緒二十九年刻本

國朝方苞撰，榮成孫葆田輯。葆田從商丘宋氏抄本得三十三篇，高密單氏本得文四篇，武陟陳恪勤鵬年廟得碑銘一篇，共三十八篇，光緒二十九年刻於河南，並序。刻既成，又從宋氏抄本舊兩集得詩一首，而李世蕡、李皋侯兩誌已見載刻補遺。又據錢儀告碑傳集，陳公廟碑爲曹一士作，皆删去。實止存文三十五篇。

續修四庫全書總目提要（稿本）第三十五册

望溪文集再續補遺四卷 民國十八年劉氏印本

國朝方苞撰。廬江劉聲木，聲木得望溪集舊抄本，並從王又樸易翼述信、陳鵬年道榮堂集、朱緒曾金陵詩徵、許承祖西湖漁唱、謝章鋌稗販雜録、蕭穆敬孚雜鈔諸書，共得文三十三篇、詩十三首，民國十八年排印，並序。惟卷二之與顧用方書，即戴刻補遺之與顧用方尺牘；卷三之送佘西麓序，已見文集；卷七行人司司副張君墓誌銘，已見孫輯補遺。至武陟陳公廟碑，則孫輯原有，而又删去者也。

續修四庫全書總目提要（稿本）第三十五册

望溪先生文集提要

張舜徽

望溪先生文集十八卷集外文十卷集外文補遺二卷咸豐元年戴鈞衡彙刻全集本。

桐城方苞撰。苞字鳳九，號靈皋，亦號望溪，康熙四十五年進士，累官禮部侍郎。爲文謹守古文義法，上規史、漢，下仿韓、歐，實開桐城文派之先，有大名於當時。四庫全書著録望溪集八卷，提要復稱「於經學研究甚深。集中説經之文最多，大抵指事類情，有所闡發」見四庫提要卷一百七十三。今觀其讀經諸篇，言及古文尚書，則疑其文明暢易曉，必秦漢間儒者得古文原本，苦其奥澀，而稍以顯易之辭更之，其大體則固經之本文。見是集卷一讀古文尚書。言及周禮，乃謂非聖人不能爲，漢何休、宋歐陽修、胡宏皆疑爲僞作，蓋休耳熟於新莽之亂，而修與宏近見夫熙寧之敝，而乃疑是書爲僞，是猶懲覆顛而廢輿馬也。同卷讀周官。此二論皆發前人所未發，亦後來治經者所不能道。抑苞論及治經，有曰：「近世治經者有二患，或未嘗一涉諸經之樊，前儒之説，罕經於目，而自作主張，以爲心得，不知皆膚學舊説，前賢已辨而絀之矣。或摭拾陳言，少變其辭氣，而漫無所發明。」集外文卷五與顧震滄書。斯言實切中當時淺嘗浮慕者之病。而苞寢饋宋、元經説爲尤深，故揭櫫大義，每多自得之言。此固清初諸儒治經風尚如此，與後來專事考訂名物訓詁者異趣也。苞治經之外，究心宋賢義理之學，儼然以衛道自任。其時顔、李之學方昌，王源年將六十，盡棄所學而師事顏元，苞力與之辨。李塨喪子，苞復遺書警之，至謂自陽明以來，凡極詆朱子者，多絶世不祀。斯則過激之言，無乃已甚，有同於悍婦之鬥口舌，非儒者所宜出。其大旨見於是集卷六與李剛主書。及卷十李剛主墓誌銘者，至爲明切矣。爾後爲桐城派古文者，莫不耽心義理，服習程、朱，皆苞導其先路。顧苞飭躬不苟，集中自訟之辭，多符於克己之義。叙及親舊，惻怛周摯，非踐履醇實而有真性情者不逮此，要非他文士所可同日而語耳。自錢大昕跋苞文，頗有輕蔑之辭，見潛研堂文集卷三十一。世之爲樸學者，漸不復重視是集。清末李慈銘讀是集三數過，始信其中多可傳之作，且謂早年讀之，多爲浮氣所中，又過信錢大昕、汪中之言，頗輕視之，故自後從不寓目，此以知讀書貴晚年也。見越縵堂光緒三年正月二十七日日記。李氏一生，好譏彈古今人，晚歲心平氣静，重讀望溪集，而所言如此，良以其中確有可取者存，不容一概抹殺耳。

清人文集別録卷四

論考

諸家評論

韓文懿公諱菼，字元少，號慕廬，長洲人，官禮部尚書。曰：「以一心貫穿數千年古書，六通四辟，使程、朱並世得斯人往復議論，則諸經之覆，所發必增倍矣。」評讀尚書記

又曰：「義理則取鎔六籍，氣格則方駕韓、歐。」評時文

蔡文勤公諱世遠，字聞之，號梁村，漳浦人，官禮部侍郎。曰：「其説皆前古所未有，而按以經義，揆之事理，無一不合於人心之同然，此之謂言立。」評周官辨僞

陳恪勤公諱鵬年，字北冥，號滄洲，長沙人，官河道總督。曰：「望溪可負天下之重。觀其讀周官、儀禮、孟子、管子，可知所見閎廓深遠。此等文可徵其平易詳慎；不能平易詳慎，則閎廓深遠非真，而用之必窒矣。」評書李習之平賦書後

朱文端公諱軾，字若瞻，號可亭，高安人，官大學士。曰：「方子行身方嚴，出語樸直，衆多見謂迂闊；余獨知爲鄭公孫僑、趙樂毅一流人。每與之言，心終不忘。觀此等文，有志者宜深求其底蘊。」

評讀管子

又曰：「老謀雄略，一歸經術；未審韓、范規模，視此何似？」評與鄒張兩相國書

陳文恭公諱宏謀，字汝咨，號榕門，桂林人，官大學士。曰：「望溪經説，不惟經義開明，可以蕩滌人心之邪穢，維持禮俗。」評讀國風

張彝歎進士名自超，高淳人。曰：「探孔、孟、程、朱之心，擷左、馬、韓、歐之韻，天生神物，非一代之珍玩也。」評時文

王或庵孝廉名源，字崑繩，宛平人。曰：「宋以後，無此清深峻潔文心；唐以前，無此淳實精淵理路。」評讀儀禮

李恕谷學正名塨，字剛主，蠡縣人。曰：「門下篤内行而又高望遠志，講求經世濟民之猷，沈酣宋、明儒説，文筆衣被海内，而於經、史多心得，且不假此媕婀侯門爲名譽，此豈近今所能得者。私心頌禱，謂樹赤幟以張聖道，必是人也。」與先生書

顧用方河帥名琮，滿洲人。曰：「方子之文，乃探索於經書，其宅心之實，與人之忠，隨所觸而流焉者也，故平生無不關於道教之文。」文集序

胡襲參司業名宗緒，號嘉遯，桐城人。曰：「望溪説經文，宋五子之意皆在其中，而文更拔出六家之上。余常謂方子乃七百年一見之人，知言者當不以爲過其實也。」評讀儀禮

全謝山庶常名祖望，字紹衣，鄞縣人。曰：「古今宿儒，有經術者或未必兼文章，有文章者或未必本經術，所以申、毛、服、鄭之於遷、固，各有溝澮。唯是經術文章文兼固難，而其用之足爲斯世斯民之重，則難之尤難者。前侍郎桐城方公，庶幾不愧於此。然世稱公之文章，萬口無異辭，而於經術已不過皮相之，若其惓惓爲斯世斯民之故，而不得一遂其志者，則非惟不足以知之，且從而掊擊之，其亦悕矣。」神道碑

雷翠庭副憲名鋐，字貫一，寧化人。曰：「先生之文，非闡道翼教，有關人倫風化不苟作。」卜書

沈椒園廉訪名廷芳，字畹叔，一字萩林，仁和人。曰：「先生其今之古人與？廷芳昔受經邸第，見先生著緇布小冠，衣緼袍，憑白木几，箋經不稍休；與門弟子講論肫肫，以六經之言質諸行；弟子若侍伏生、申公側，穆然起忠敬也。及立朝蹇諤，多與時牴牾，然天子獨鑒其心無欺，非先生之碩學忠誠，惡能得此哉？」傳贊

又曰：「方先生品高而行卓；其爲文，非先王之法弗道，非昔聖之旨弗宣，其義峻遠，其法謹嚴，其氣肅穆而味淡以醇，湛於經而合乎道，洵足以繼韓、歐諸公矣。先生之文，海内或知宗之；特平生以道自重，不苟隨流俗，故或病其迂，或患其簡，且多謗之者。雖然，能擠於生前，而其人其學，卒不能掩於歿世也。」文集後序

程夔震兵部名崟，歙縣人。曰：「先生之文，循韓、歐之軌迹，而運以左、史義法，所發揮推闡，

皆從檢身之切，觀物之深而得之。不惟解經之文，凡筆墨所涉，莫不有六籍之精華寓焉，而無一不有補於道教也。」文集序

姚薑塢編修諱範，字南青，桐城人。曰：「望溪文，於親懿故舊之間，隱親惻至，亦見其篤於倫理而立身近於禮經，有不可掩者已。」評文集

韓理堂大令名夢周，字公復，濰縣人，官來安知縣。曰：「論文於程、朱未出之前，與論文於程、朱既出之後，其説不同：程、朱以前，聖道否晦，雖有一二豪傑之士窺見大體，未能使此理燦然較著於世；立言者苟持之有故，即高下淺深醇駁不一，君子皆將取之，使學者擇焉。自程、朱出，而聖賢之道復明，學者捨是無以爲學，立言者捨是何以言哉？將背而去之乎，則適以自陷於淫詖；將以文爲小技而戲出之乎，則又可以不作矣。是故生程、朱之後，而謬援古人駁雜以自解，皆無當於斯文者也。望溪先生之文，體正而法嚴；其於道也，一以程、朱爲歸，皆卓然有補於道教，可傳世而不朽；其於所易忽者亦不苟，蓋可以識先生之所學矣。」書逸幾後

彭允初進士名紹升，號尺木，長洲人。曰：「少讀望溪方先生文，服其篤於倫理，有中心惻怛之誠，以爲非他文士所能及。」逸稿叙

姚惜抱先生諱鼐，字姬傳，桐城人，官刑部郎中。曰：「望溪先生之古文，爲我朝百餘年文章之冠，天下論文者無異説也。鼐爲先生邑弟子，誦其文，蓋尤慕之。」集外文序

又曰：「望溪宗伯與鄂張兩相國書論制準夷事，憂國忠友之情，則皆可謂至矣；於公平生風義，所關頗重。」跋與鄂張兩相國書後

劉季高校點方苞集附録二

復惲皋聞書（節選）

李塨

即如方子靈皋，文行踔越，非志温飽者，且于塨敬愛特甚，知顔先生之學亦不爲不深，然且依違曰「但伸己説，不必辨程、朱」。揆其意，似諺所謂受恩深處即爲家者，則下此可知矣。

李塨恕谷後集卷五

方何之弊

王應奎

方望溪爲文，間有創論，然過於痛快，便近李贄聲口。何義門看書，洵屬具眼，然過於細密，

便近時文批評。兩先生在今日固承學所當師法者也，而其弊却亦不可不知。

王應奎柳南隨筆卷三

書望溪蔗經二先生像後

翁方綱

歸安丁小疋進士博聞多師，其於前人緒論，無一字肯輕過。嘗於書肆得宋王東巖周禮訂義數册，蓋桐城方侍郎望溪與吾邑鍾儀部蔗經二先生同修三禮時，蔗經以紅筆點勘，而望溪以緑筆覆閲者。餘姚盧抱經學士既爲跋，一日，小疋持是書來贈，而屬予摹二先生像，且俾題其後焉。予生既晚，弗獲見望溪先生，而蔗經先生則獲侍側者最久，瞻像而觀手蹟，得無感於心乎！蔗經之省親宿遷也，望溪贈以文，在雍正庚戌之秋。時有謝浣雲者贈蔗經詩，有「松林密處開三徑，雲水光中注六經」之句，計其時尚在修禮之前。而蔗經之勤於治禮，固已久矣。望溪與鄂少保書云：「僕與鍾君反覆討論，以求其貫通，所費日力，幾與特著一書等。」周官訂義删翼諸本，僕皆當默定之矣。是書内有小紙，云「方先生送來四册」，然緑筆止半册，是望溪手勘訂義又别有全本，而此則其與蔗經往復商確者歟？望溪既以「王之大事」一節系象胥，而又謂宜入小行人職，雖此書後卷未全，然竊恐修三禮時，望溪亦未啓執自記之説以爲質也。予始識蔗經先生時爲乾隆丁卯夏，先生訪先大夫於日南坊寓齋，論析亹亹，笑貌如昨。至乙未冬始見先生注經圖，題其後。今復爲小疋題此像，而經義蕪陋，有忝於先生曩昔期許之意。展卷慨然，不禁愧汗之文集矣！

翁方綱復初齋文集卷三十四

答問（節選）

章學誠

或問：前人之文辭，可改竄爲己作歟？答曰：何爲而不可也！古者以文爲公器，前人之辭如已盡，後人述而不必作也。賦詩斷章，不啻若自其口出也。重在所以爲文辭，而不重文辭也。……

或問：「近世如方苞氏，删改唐、宋大家，亦有補歟？」「夫方氏不過文人，所得本不甚深，況又加以私心勝氣，非徒無補於文，而反開後生小子無忌憚之漸也。」

「小慧私智，一知半解，未必不可攻古人之間，拾前人之遺。此論於學術，則可附於不賢識小之例，存其説以備後人之采擇可也。若論於文辭，則無關大義，皆可置而不論。即人心不同如面，不必强齊之意也。果於是非得失，後人既有所見，自不容默矣，必也出之如不得已，詳審至再，而後爲之。如國家之議舊章、名臣之策利弊，非有顯然什百之相懸，寧守舊而毋妄更張矣。苟非深知此意，而輕議古人，是庸妄之尤。即未必無尺寸之得，而不足償其尋丈之失也。方氏删改大家，有必不得已者乎？有是非得失顯然、什百相懸者乎？有如國家之議舊章、名臣之策利弊，寧守舊而毋妄更張之本意者乎？在方氏亦不敢自謂然也。然則私心勝氣，求勝古人，此方氏之所以終不至古人也。凡能與古爲化者，必先於古人繩度尺寸不敢逾越者也。蓋非信之專而守之篤，則入古不深；不深則不能化。譬如人於朋友，能全管、鮑通財之義，非嚴一介取與之節者必不能也。故學古而不敢曲泥乎古，乃服古而謹嚴之至，非輕古也。方氏不知古人之意，而惟徇於文辭，且所得於文辭者本不甚深，其私智小慧，又適足窺見古人之當然，而不知其有所不盡然，宜其奮筆改竄之易易也。」

與友人書

錢大昕

前晤吾兄，極稱近日古文家以桐城方氏爲最。予嘗日課誦經史，於近時作者之文，無暇涉獵，因吾兄言，取方氏文讀之。其波瀾意度，頗有韓、歐陽、王之規模，視世俗冗蔓獶雜之作，固不可同日語。惜乎其未喻乎古文之義法爾。

夫古文之體，奇正、濃淡、詳略，本無定法，要其爲文之旨有四，曰明道，曰經世，曰闡幽，曰正俗。有是四者，而後以法律約之，夫然後可以羽翼經史，而傳之天下後世。至於親戚故舊、聚散存没之感，一時有所寄託，而宣之於文，使其姓名附見集中者，此其人事迹，原無足傳，故一切闕而不載，非本有可紀而略之，以爲文之義法如此也。方氏以世人誦歐陽公王恭武、杜祁公諸誌，不若黄夢升、張子野諸誌之熟，遂謂功德之崇，不若情辭之動人心目。然則使方氏援筆而爲王、杜之誌，亦將舍其勳業之大者，而徒以應酬之空言了之乎？六經、三史之文，世人不能盡好，間有讀之者，僅以供場屋餖飣之用，求通其大義者罕矣。至于傳奇之演繹，優伶之賓白，情詞動人心目，雖里巷小夫婦人，無不爲之歌泣者，所謂曲彌高則和彌寡，讀者之熟與不熟，非文之有優劣也。以此論文，其與孫鑛、林雲銘、金人瑞之徒何異！

文有繁有簡，繁者不可減之使少，猶之簡者不可增之使多。左氏之繁，勝於公、穀之簡，史記、漢書，互有繁簡。謂文未有繁而能工者，非通論也。

太史公，漢時官名，司馬談父子爲之，故史記自序云：「談爲太史公」，又云：「卒三歲而遷爲太史公。」報任安書亦自稱「太史公」，「公」非尊其父之稱，而方以爲稱「太史公曰」者，皆褚少孫所加。秦本紀、田單傳別出它説，此史家存疑之法，漢書亦間有之，而方以爲後人所附綴。韓退之撰順宗實録，載陸贄、陽城傳，此實録之體應爾，非退之所創，方亦不知，而妄譏之。蓋方所謂古文義法者，特世俗選本之古文，未嘗博觀而求其法也。法且不知，義於何有！昔劉原父譏歐陽公不讀書，原父博聞誠勝於歐陽，然其言未免太過。若方氏乃真不讀書之甚者。

吾兄特以其文之波瀾意度近於古而喜之，予以爲方所得者，古文之糟粕，非古文之神理也。王若霖言：「靈皋以古文爲時文，却以時文爲古文。」方終身病之，若霖可謂洞中垣一方癥結者矣。泥濘不及面質，聊述所見，吾兄以爲然否？

錢大昕潛研堂文集卷三十一

戴東原先生年譜一則

段玉裁

先生言：方望溪釋禮經之文，多不似説禮語言；其説春秋較善。

段玉裁戴東原先生年譜

謁先生祠堂記

熊寶泰

嘉慶癸亥，余自潛山移家上元，與靈皋先生孫厚堂交，因謁先生祠堂於龍盤里，即沈椒園臬使廷芳爲先生作傳中之教忠祠也。祠二：舊祠先生所葺，自一世至始遷上元之太僕，凡十二世；新祠百川先生長子師范徵君希文所葺，自十三世徵君曾祖以下，而百川舟、靈皋苞、椒塗林三先生共一室，蓋先生兄弟葬亦合墓在沙牆，余亦曾展視也。子孫祀祖立祠堂，非古禮，然相沿已久，所謂禮從俗耳。

少時聞鄉先生言：百川先生肥白如瓠，壽三十七；先生體瘦身長，面微有痘斑，目光視人如電，膽弱人當之輒心悸不能語，壽八十二。而文名之盛，則讀書人自束髮就外傳，即知有桐城二方先生者。余生晚，不獲親炙容儀，展拜之餘，悚敬與忻慕之意交至焉。

余嘗考南山之獄，沈傳及先生文集俱不詳載。南山集者，桐城戴憂庵名世集名，宿松朱杜溪書序，比之南嶽，故名南山。余最不喜人作文以其地之名山川比人，今人爲壽序、詩文序者，往往如是。杜溪有文名，南山集已禁，序不可得而見，觀其名，固已知其落尋常結習矣。宛平人尤雲鶚、雲鶚寄居江寧，從憂庵學文，富於貲，遂刻之。雲鶚爲隆都蔡氏壻，與先生爲僚壻。先生又故與憂庵相善，因亦爲之作序，流傳都下。集中有與余生書，引方樓岡學士孝標滇黔紀聞，語有違悖。憂庵與武進趙恭毅公申喬次子侯赤、侍讀熊詔爲同年生，尚書發其事。時康熙辛卯，先生以中式舉人家居奉母，部遣筆帖式王禄至蘇，巡撫張清恪公伯行令臬司焦映壽、蘇州知府孟光宗、江寧知府劉涵密逮先生及尤氏兄弟，見清恪年譜；其日則爲十月二十六日，見高淳張彝歎自超送先生詩注。其詩曰：「古有文章禍，今傷離別神。」神韻亦絶佳也。

先生赦歸後，歷官卿貳，文章事業，海内共知；惟被逮事，迄今九十餘年，鮮有知者。厚堂年且七十，不及知；況後生於厚堂者哉！余是以詳記之。雖然，先生居土街，子孫能世守其宅，祠堂則傾頽已甚矣！厚堂力不能修，相與太息，久之而出。

李垣編國朝耆獻類徵初編卷六十九

與陳碩士（節選）

姚鼐

震川論文深處，望溪尚未見，此論甚是。望溪所得，在本朝諸賢爲最深，而較之古人則淺。其閱太史公書，似精神不能包括其大處、遠處、疏淡處及華麗非常處；止以「義法」論文，則得其一端而已。然文家「義法」，亦不可不講，如梅崖便不能細受繩墨，不及望溪矣！

姚鼐惜抱軒尺牘卷五

上曹儷笙侍郎書（節選）

惲敬

古文，文中之一體耳。而其體至正不可餘，餘則支；不可盡，盡則敝；不可爲容，爲容則體下。方望溪先生曰：「古文雖小道，失其傳者七百年。」望溪之言若是，是明之遵巖、震川，本朝之雪苑、勺庭、堯峰諸君子，世俗推爲作者，一不得與乎望溪之所許矣！望溪謹厚，兼學有源本，豈妄爲此論邪！……然望溪之于古文，則又有未至者。是故旨近端，而有時而歧；辭近醇，而有時而窳。近日朱梅厓等于望溪有不足之辭，而梅厓所得，視望溪益庳隘。文人之見，日勝一日，其力則日遜焉，是亦可虞者也。

惲敬 大雲山房文稿卷三

劉開

與阮芸臺宮保論文書

芸臺先生執事：不奉教命，忽逾四年。感戀之私，未間時日。先生政高兩粵，威播八蠻，勳業之彪炳，聲聞之熏爍，海内之人莫不誦之，何俟小子之言？所欲言者，文章而已。

本朝論文，多宗望溪，數十年來未有異議，先生獨不取其宗派，非故爲立異也，亦非有意薄望溪也，必有以信其未然，而奮其獨見也。夫天下有無不可達之區，即有必不能造之境；有不可一世之人，即有獨成一家之文。此一家者，非出於一人之心思才力爲之，乃合千古之心思才力，變而出之者也。非盡百家之美，不能成一人之奇；非取法至高之境，不能開獨造之域。此惟韓退之能知之，宋以下皆不講也。五都之市，九達之衢，人所共由者也；崑崙之高，渤海之深，人必不能至者也，而天地之大有之。錦繡之飾，文采之輝，人所能致者也；雲霞之章，日星之色，人必不能爲者也，而天地之大有之。夫文亦若是而已矣！無決隄破藩之識者，未足窮高邃之旨；無摧鋒陷陣之力者，未足收久遠之功。縱之非忘，操之非勤，夫宇宙間自有古人不能盡爲之文，患人求之不至耳。衆人之效法者，同然之嗜好也；同然之嗜好，尚非有志者之所安也。夫先生之意，豈獨無取於望溪已哉！即八家亦未必盡有當也。雖然，學八家者卑矣，而王遵巖、唐荆川等，皆各有小成，未見其爲盡非也。學秦漢者優矣，而李北地、李滄溟等，竟未有一獲，未見其爲盡是也。其中得失之故，亦存乎其人，請得以畢陳之。

蓋文章之變，至八家齊出而極盛；文章之道，至八家齊出而始衰。謂之盛者，由其體之備於八家也，爲之者各有心得，而後乃成爲八家也。謂之衰者，由其美之盡於八家也，學之者不克遠溯，而亦即限於八家也。夫專爲八家者，必不能如八家，其道有三：韓退之約六經之旨，兼衆家之長，尚矣。柳子厚則深於國語，王介甫則原於經術，永叔則傳神於史遷，蘇氏則取裁於國策，子固則衍派於匡、劉，皆得力於漢以上者也。今不求其用力之所自，而但規仿其辭，遂可以爲八家乎！此其失一也。漢人莫不能文，雖素不習者，亦皆工妙，彼非有意爲文也，忠愛之誼，悱惻之思，宏偉之識，奇肆之辨，恢諧之辭，出之於自然，任其所至，而無不咸宜。故氣體高渾，難以迹窺。八家則未免有意矣。夫寸寸而度之，至丈必差；效之過甚，拘於繩尺，而不得其天然，此其失二也。自屈原、宋玉工於言辭，莊辛之説楚王，李斯之諫逐客，皆祖其瑰麗。及相如、子雲爲之，則玉色而金聲；枚乘、鄒陽爲之，則情深而文明。由漢以來，莫之或廢。韓退之取相如之奇麗，法子雲之閎肆，故能推陳出新，徵引波瀾，鏗鏘鍠石，以窮極聲色。柳子厚亦知此意，善於造練，增益辭采，而但不能割愛。宋賢則洗滌盡矣。夫退之起八代之衰，非盡掃八代而去之也，但取其精而汰其粗，化其腐而出其奇，其實八代之美，退之未嘗不備有也。宋諸家疊出，乃舉而空之，子瞻又掃之太過，於是文體薄弱，無復沉浸醲郁之致、瑰奇壯偉之觀，所以不能追古者，未始不由乎此。夫體不備不可以爲成人，辭不足不可以爲成文，宋賢於此不察，而祖述之者並西漢瑰麗之文而皆不敢學，此其失三也。且彼嘉謨讜議，著於朝廷，立身大節，炳乎天壤。故發爲文辭，沛乎若江河之流，今學之者無其抱負志節，而徒津津焉索之於字句，亦末矣！此專爲八家者所以必不能及之也。

然而而志於爲文者〔二〕，其功必自八家始。何以言之？文莫盛於西漢，而漢人所謂文者，但有奏對、封事，皆告君之體耳。書序雖亦有之，不克多見。至昌黎始工爲贈送碑誌之文，柳州始創爲山水雜記之體，廬陵始專精於序事，眉山始窮力於策論。序經以臨川爲優，記學以南豐稱首。故文之義法，至史、漢而已備；文之體製，至八家而乃全。彼固予人以有定之程式也，學者必先從事於此，而後有成法之可循。否則雖鋭意欲學秦、漢，亦茫無津涯。然既得門徑，而猶囿於八家，則所見不高，所挾不宏，斯爲明代之作者而已。故善學文者，其始必用力於八家，而後

〔二〕「然而而」，下「而」字疑衍。

得所從入。其中人進之以史、漢，而後克以有成。此在會心者自擇之耳。然苟有非常絶特之

才，欲争美於古人，則史、漢猶未足以盡之也。

夫詩、書，退之既取法之矣。退之以六經爲文，亦徒出入於詩、書，他經則未能也。夫孔子作繫辭，孟子作七篇，曾子闡其傳以述大學，子思困於宋而述中庸，七十子之徒，各推明先王之道，以爲禮記，豈獨義理之明備云爾哉！其言固古今之至文也。世之真好學者，必實有得於此，而後能明道以修辭。於是乎從容於孝經以發其端，諷誦於典、謨、訓、誥以莊其體，涵泳於國風以深其情，反覆於變雅、離騷以致其怨。如是而以爲未足也，則有左氏之宏富、國語之修整，益之以公羊、穀梁之清深。如是而以爲未足也，則有大戴記之條暢，考工記之精巧，兼之以荀卿、揚雄之切實。如是而又以爲未足也，則有老氏之渾古，莊周之駘蕩，列子之奇肆，管夷吾之勁直，韓非之峭刻，孫武之簡明，可以使之開滌智識，感發意趣。如是術藝既廣，而更欲以括其流也，則有吕覽之賅洽，淮南之瓌瑋，合萬物百家以汎濫厥辭，吾取其華，而不取其實。如是，衆美既具，而更欲以盡其變也，則有山海經之怪豔，洪範傳之陸離，素問、靈樞之奥衍精微，窮天地事物以錯綜厥旨，吾取其博，而不取其侈。凡此者，皆太史公所徧觀以資其業者也，皆漢人所節取以成其能者也。以之學道則幾於雜矣，以之爲文則取精多而用愈不窮，所謂聚千古之心思才力而爲之者也。

而變而出之，又自有道。食焉而不能化，猶未足爲神明其技者也。有志於文章者，將殫精竭思於此乎？抑上及史、漢而遂已乎？將專求之八家而安於所習乎？夫史、漢之於八家也，其等次雖有高低，而其用有互宜，序有先後，非先生莫能明也。且夫八家之稱何自乎？自歸安茅氏始也。韓退之之才，上追揚子雲，自班固以下皆不及，而乃與蘇子由同列於八家，異矣！韓子之文，冠於八家之前而猶屈；子由之文，即次於八家之末而猶慚。使後人不足於八家者，蘇子由爲之也；使八家不遠於古人者，韓退之爲之也。

吾鄉望溪先生，深知古人作文義法，其氣味高淡醇厚，非獨王遵巖、唐荆川有所不逮，即較之子由，亦似勝之。然望溪豐於理而嗇於辭，謹嚴精實則有餘，雄奇變化則不足，亦能醇不能肆之故也。夫震川熟於史、漢矣，學歐、曾而有得，卓乎可傳，然不能進於古者，時藝太精之過也，且又不能不囿於八家也。望溪之弊與震川同，先生所不取者，其以此與！然其大體雅正，可以楷模後學，要不得不推爲一代之正宗也。學史、漢者由八家而入，學八家者由震川、望溪而入，則不誤於所向。然不可以律非常絶特之才也。夫非常絶特之才，必盡百家之美，以成一人之奇；取法至高之境，以開獨造之域。先生殆有意乎！其不安於同然之嗜好，宜也。方將摩崑崙之高，探渤海之深，焕雲霞之章，揚日星之色，恢決隄破藩之識，奮摧鋒陷陣之力，用之於一家之言。由是明道修辭，以漢人之氣體，運八家之成法，本之以六經，參之以周末諸子，則所謂争美古人者，庶幾其有在焉。然其後先用力之序，彼此互用之宜，亦不可不預熟也。蒭蕘之見，皆先生所已知，不揣固陋，瀆陳左右，且以當面質也。近日斯文寥落甚矣，唯先生可聞斯言，唯開敢爲此言，伏惟恕狂簡之咎，而加之以教，幸甚！

劉開劉孟塗集卷四

復陸次山論文書（節選）

姚瑩

大抵才、學、識三者，先立其本，然後講求於格、律、聲、色、神、理、氣、味八者以爲其用，而尤以絶嗜欲、澹榮利、蕩滌其心志，無一毫世俗之見於乎其中，多讀書而久久爲之，自有獨得，非歲月旦夕所可幾也。僕之所聞如是而已。近代方望溪最善此事，其言以義法爲主。雖非文章之極詣，然而塗軌莫正於此。足下天才既美，讀書復多，循此塗軌求之，更進以家惜翁之説，必有深得於出入離合之間者矣。

姚瑩東溟文後集卷八

國朝詩人徵略二編所見方苞評價

張維屏

桐城方氏苞主宋學，儀徵阮氏元主漢學。望溪侍郎好詆康成，雲臺宫保篤信鄭氏，是以宫保刻皇清經解，凡方氏之書概不録焉。愚謂聖道如天，經義若海，春秋冬夏，天無不該，河漢江淮，海無不納，與其存町畦之見，何如廓天海之觀乎！松心日録

王莽獨稱歆爲國師，則凡莽之假經以文奸，皆歆之主謀以助篡，望溪之論是也。聽松廬文鈔

方望溪論古文，謂失其傳者七百年，其意自以爲直接韓、歐，而意所專注，尤在昌黎。然望溪集，余嘗反復數次矣，竊以爲方得韓之清，未得韓之腴；得韓之蒼，未得韓之厚；得韓之筋，未得韓之骨；得韓之健，未得韓之雄。聽松廬文鈔

張維屏國朝詩人徵略二編卷十五

與馬止齋書 乙亥

曾釗

觀望溪先生文，最愛其讀孟子、書柳文後、左忠毅公逸事三篇耳。其文大抵以理法勝，才力似有未到，故簡淡者便佳。至傳誌多用紀言體，亦所謂善用其短也。竊謂文字當從難入，難故有力，力所以負其氣。韓公自言其初爲文，陳言務去，戛戛難之。今觀謝上表、平淮西碑、曹成王碑、送鄭尚書序、石鼎聯句序、與孟尚書書等篇，筆筆見氣，句句見力，所謂從難字過來者。若其他文從字順之文，意皆應酬所作，顧其氣醇意厚，閎肆不失爲大家。至宋代歐公，只學得送王含序、馬少監墓誌諸篇，而望溪學歐，所學又雜以歐之氣法，故奇崛終未得耳。僕非敢論議前輩，但晚學無師法，妄欲剖判流别，以定所適從，然未敢自信其是。竊聞足下從事此道有年，又酷嗜昌黎，兼愛望溪，必有得其深者，故率爾言之，不自惜其僭罪。有以教我，則幸甚！

曾釗面城樓集鈔卷四

再與楊季子書(節選)

包世臣

國初名集所見甚尠,就中可指數者,侯朝宗隨人俯仰,致近俳優;汪鈍翁簡點瞻顧,僅足自守;魏叔子頗有才力,而學無原本,尤傷拉雜。方望溪視三子爲勝,而氣力寒怯。

包世臣藝舟雙楫卷一

方侍郎

陸以湉

桐城方望溪侍郎苞文,譽之者以爲韓、歐復出,北宋後無此作,李安溪。毁之者謂所得者古文之糟粕,非古文之神理。錢竹汀。鄞全謝山太史祖望嘗謂侍郎生平於人之里居、世系多不留心,自以爲史遷、退之適傳皆如此,乃大疏忽處也。余謂作文不留心里居、世系,乃文人通病,非獨望溪爲然。至其文格清真簡潔,要當推爲一代宗工,錢、全二公皆不逮也。

陸以湉冷廬雜識卷三

學正李先生塨（節選）

戴望

桐城方侍郎苞，與先生交至厚，嘗使子道章從學先生。而方固信程、朱，以習齋復聖門舊章爲非，每相見，先生正論侃侃，方無辭而退。後先生没，方不俟其子孫之請，爲作墓志，於先生德業一無所詳，而唯載先生與崑繩及方論學同異，且謂先生因方言改其師法；又與人書，稱浙學之壞始黄梨洲氏，北學之壞則始於習齋。故先生門人威縣劉用可深非之，謂其純構虚辭，誣及死友。今觀先生遺書，知用可之言爲然也。

戴望顔氏學記卷四

望溪文集

曾國藩

送左未生南歸序，「而孫之死」二句，承接牽强。

矯除積習興起人材劄子。望溪先生古文辭爲國家二百餘年之冠，學者久無異辭。即其經術之湛深，八股文之雄厚，亦不愧爲一代大儒。雖乾嘉以來，漢學諸家百方攻擊，曾無損於毫末。惟其經世之學，持論太高，當時同志諸老，自朱文端、楊文定數人外，多見謂迂闊而不近人情。此疏閱歷極深，四條皆確實可行，而文氣深厚，則國朝奏議中所罕見。「兵部之實，在戢將校之驕氣，以綏靖兵民。」此條立論太高，多不切於事實，今之兵部與將校並不相接，何能戢其驕氣！

曾國藩求闕齋讀書録卷十

送周荇農南歸序（節選）

曾國藩

康熙、雍正之間，魏禧、汪琬、姜宸英、方苞之屬號爲古文專家，而方氏最爲無類。

曾國藩曾文正公詩文集卷一

柏堂師友言行記一則

方宗誠

同治七年，予至金陵。曾公留居幕中，嘗謂予曰：「人必心地光明俊偉，則發之於文，方能有物。……方望溪侍郎謂學行繼程、朱之後，文章介韓、歐之間，欲以韓、歐之文達程、朱之理。姚惜抱郎中謂學問之道，義理、考據、詞章，三者不可偏廢。望溪爲文不説一句假話，惜抱爲文不用一古字，然古雅，此風氣開得極好。」

方宗誠柏堂師友言行記卷三

與篠岑論文派書（節選）

吴敏樹

望溪之文厚於理，深於法，而或未工於言。然此二家者，皆斷然爲一代之文，而莫能尚焉者也。其所以能爾者，皆自其心得之於古，可以發人而非發於人者。

吴敏樹柈湖文集卷六

古文辭類纂序目(節選)

方濬師

本朝論文章者,必以桐城三家爲正宗。望溪侍郎開其先,海峰學博繼之,姬傳郎中又繼之。鄧嶰筠尚書謂:「學廬陵而兼子固者,望溪也;學廬陵而兼長公者,海峰也;姬傳文師廬陵,而上溯子長,與熙甫皆神似而不以貌,此論甚確。余則謂侍郎文,今之布帛菽粟也;學博文,今之錦段組繡也;郎中文才高識廣,理境澈透,於方、劉兩家外又别出機杼。

方濬師蕉軒隨録卷六

與楊伯衡論方劉二集書

吴汝綸

伯衡足下:辱示與王篠池書,文氣疏暢,知足下留心於古人之文者深也。前座上論文,盛推海峰,而左袒望溪才弱之説,某竊心疑焉,而未敢有所枝梧。歸挑燈重展方、劉二集,伏而讀之,竊意足下之盛推海峰者,才耳,弟海峰信以才鳴矣,望溪亦何嘗無才也夫?文章以氣爲主,才由氣見者也,而要必由其學之淺深,以覘其才之厚薄。學邃者,其氣之深静,使人饜飫之久,如與中正有德者處，故其文常醇以厚，而學掩才。學之未至，則其氣亦稍自矜縱驟，而見之即如珍羞好色羅列目前，故其文常閎以肆，而才掩學。若昌黎所云「先醇後肆」者，蓋謂既醇之後，即縱所欲言，皆不失其爲醇耳，非謂先能醇厚而後始求閎肆也。今必以閎肆爲宗，而謂醇厚之文爲才之不贍，抑亦過矣！

夫才由氣見者也，今之所謂才，非古之所謂才也，好馳騁之爲才。今之所謂氣，非古之所謂氣也，能縱横之爲氣。以其能縱横、好馳騁者，求之古人所爲醇厚之文，無當也。即求之古人所爲閎肆者，亦無當也。然而資力所進於閎肆之文，尚可一二幾其仿佛，至醇厚則非極深邃之功，必不可到。然則望溪與海峰斷可識已。大抵望溪之文，貫串乎六經子史百家傳記之書，而得力於經者尤深，故氣韻一出於經。海峰之文亦貫串乎六經子史百家傳記之書，而得力於史者尤深，故氣韻一出於史。方之古作者，於先秦則望溪近左氏内外傳，而海峰近戰國策。於西漢，則望溪近董江都，而海峰近賈長沙。於八家，則望溪近歐、曾，而海峰近東坡。就二子而上下之，則望溪西漢之遺，而海峰宋人之流亞也。夫文章之道，絢爛之後歸於老確。望溪老確矣，海峰猶絢爛也。意望溪初必能爲海峰之閎肆，其後學愈精、才愈老，而氣愈厚，遂成爲望溪之文。海峰亦欲爲望溪之醇厚，然其學不如望溪之粹，其才、其氣不如望溪之能斂，故遂成爲海峰之文。某所得於望溪、海峰之文者如此，以足下留心于古人之文也，故叙而陳之。倘有所商論，更辱教焉，幸甚！某再拜。

清儒（節選）

章炳麟

及戴震起休寧，休寧於江南爲高原，其民勤苦善治生，故求學深邃，言直覈而無温藉，不便文士。震始入四庫館，諸儒皆震竦之，願斂衽爲弟子。天下視文士漸輕。文士與經儒始交惡。而江淮間治文辭者，故有方苞、姚範、劉大櫆，皆産桐城，以效法曾鞏、歸有光相高，亦願尸程、朱爲後世，謂之桐城義法。震爲孟子字義疏證，以明材性，學者自是薄程、朱。桐城諸家，本未得程、朱要領，徒援引膚末大言自壯。案：方苞出自寒素，雖未識程、朱深旨，其孝友嚴整躬行足多矣。諸姚生於紈袴綺襦之間，特稍恬惔自持，席富厚者自易爲之，其他躬行，未有聞者。既非誠求宋學，委蛇寧靖，亦不足稱實踐，斯愈庳也。故尤被輕蔑。範從子姚鼐，欲從震學，震謝之，猶亟以微言匡飭。鼐不平，數持論詆樸學殘碎。其後方東樹爲漢學商兑，徽章益分。陽湖惲敬、陸繼輅，亦陰自桐城受義法。其餘爲儷辭者衆，或陽奉戴氏，實不與其學相容。儷辭諸家，獨汪中稱頌戴氏，學已不類。其他率多辭人，或略近惠氏，戴則絶遠。夫經說尚質樸，而文辭貴優衍；其分涂自然也。

章炳麟訄書重訂本，章太炎全集第三册

論近世文學之變遷（節選）

劉師培

望溪方氏，摹仿歐、曾，明於呼應頓挫之法，以空議相演，又叙事貴簡，或本末不具，舍事實而就空文。桐城文士多宗之。海内人士亦震其名，至謂天下文章，莫大乎桐城。厥後桐城古文，傳於陽湖、金陵，又數傳而至湘贛西粤。然以空疏者爲之，則枯木朽荄，索然寡味，僅得其轉折波瀾。惟姬傳之豐韻，子居之峻拔，滌生之博大雄奇，則又近今之絶作也。

朱維錚、李妙根編劉師培辛亥前文選

文學革命論（節選）

陳獨秀

元明劇本、明清小説，乃近代文學之粲然可觀者。惜爲妖魔所厄，末及出胎，竟爾流産。以至今日中國之文學，委瑣陳腐，遠不能與歐洲比肩。此妖魔爲何?即明之前後七子，及八家文派之歸、方、劉、姚是也。此十八妖魔輩，尊古蔑今，咬文嚼字，稱霸文壇，反使蓋代文豪若馬東籬，若施耐庵，若曹雪芹諸人之姓名，幾不爲國人所識。若夫七子之詩，刻意模古，直謂之抄襲可也。歸、方、劉、姚之文，或希榮譽墓，或無病而呻，滿紙之乎者也矣焉哉。每有長篇大作，摇頭擺尾，説來説去，不知道説些什麽。此等文學，作者既非創造才，胸中又無物，其伎倆惟在仿古欺人，直無一字有存在之價值。雖著作等身，與其時之社會文明進化無絲毫關係。

今日吾國文學，悉承前代之敝：所謂「桐城派」者，八家與八股之混合體也；所謂「駢體文」者，思綺堂與隨園之四六也；所謂「江西派」者，山谷之偶像也。求夫目無古人，赤裸裸的抒情寫世，所謂代表時代之文豪者，不獨全國無其人，而且舉世無此想。文學之文，既不足觀，應用之文，益復怪誕。碑銘墓誌，極量稱揚，讀者決不見信，作者必照例爲之。尋常啓事，首尾恒有種種諛詞。居喪者即華居美食，而哀啓必欺人曰「苦塊昏迷」。贈醫生以匾額，不曰「術邁岐黄」，即曰「著手成春」。窮鄉僻壤極小之豆腐店，其春聯恒作「生意興隆通四海，財源茂盛達三江」。此等國民應用之文學之醜陋，皆阿諛的虚僞的鋪張的貴族古典文學階之厲耳。

新青年一九一七年二月

方苞

梁啓超

他是一位「大理學家」，又是一位「大文豪」。他曾替戴南山做了一篇文集的序。南山著了文字獄，他硬賴説那篇序是南山冒他名的。他和李塨谷號稱生死之交，塨谷死了，他作一篇墓志銘説塨谷因他的忠告背叛顔習齋了。看劉辰纂的塨谷年譜。他口口聲聲説安貧樂道，晚年却專以殖財爲事，和鄉人争烏龍潭魚利打官司。看蕭奭齡著永憲録。

梁啓超中國近三百年學術史第九講

清儒學案望溪學案

徐世昌

阮文達輯清一代經解，不收望溪之作，蓋漢、宋顯分門户也。望溪學宗宋儒，於宋、元人經説，薈萃折衷其義理名物，訓詁則略之。館修三禮義疏，義例出其手定。文章源於經術，姚氏惜抱承其緒，傳衍甚遠，桐城文派，遂爲一代大宗。述望溪學案。

方先生苞

方苞字靈皋，又字鳳九，號望溪，桐城人，寄籍上元。兄舟，諸生，高才篤行，好左氏傳、太史公書，著述未成而卒。先生少從之學，以孝弟相勖。循覽五經注疏、大全，少者三數周。補諸生，遊京師，入太學，安溪李文貞公見其文曰：「韓、歐復出，北宋後無此作也。」萬徵士斯同降齒與之交，曰：「子於古文信有得，願勿溺也。」於是一意求經義。好讀宋儒書，謂「宋五子之前，其窮理之學未有如五子者。五子之後，推其緒而廣之，乃稍有所得；其背而馳者，皆妄鑿牆垣而植蓬蒿，學之蠹也。」舉鄉試第一。康熙丙戌成進士，聞母疾，歸侍，家居三年。以戴名世南山集之獄牽連被逮，在繫經歲，孳經不輟。讞論重辟，聖祖矜疑，五次折本不下。李文貞陳其文學，力救之，免死，隸旗籍。召至南書房，試以湖南洞苗歸化碑文、黄鐘萬事根本論、時和年豐賦，聖祖嘉賞，命入直南書房。又移直蒙養齋，編校樂曆律算諸書，諸皇子皆呼之曰先生，充武英殿總裁。世宗即位，命出旗籍，授左中允，三遷爲内閣學士。免趨直，專司書局，教習庶吉士。充一統志總裁，校訂春秋日講。高宗在亮陰，將行三年之喪，下廷議。尚書魏公廷珍諮於先生，爲陳古人以次變除之制，内外臣工各分差等爲除服之期。魏公上其議，終格不行。再直南書房，充纂修三禮義疏副總裁，命選有明及本朝名家制義，頒布以爲舉業準的。擢禮部右侍郎，以足疾辭，詔免隨班，許數日一赴部。迭上疏請定經制；又請矯除積習，興起人材；又請九卿會議有異議者，並列上聞，翰詹科道與議，得專疏自達；又請定庶吉士館課散館則例；又請定孔氏家廟祀典，及湯斌從祀孔廟，熊賜履、郭琇入賢良祠；又請禁種煙燒酒；又論南河督臣違衆議，開毛城鋪之愎。所言或行或不行。自康熙朝，先生雖未與廷議，於時政得失，每就李文貞公及徐文定公陳讜言，多得採取上達，見諸施行。復與鄂文端、朱文端、蔡文勤、楊文定諸公相引重，多有所建議。性抗直，遇會議屢有争執，爲時所忌。於是河督疏訐有所屬託，先生自知孤立，以老病自請解任，許之。以原銜食俸，仍留教習庶吉士，充經史館總裁。會庶吉士散館，請後到者補試，被劾徇私，落職，仍在三禮館修書。洎周禮義疏成，乞解書局，賜侍講銜回籍。乾隆十四年卒，年八十有二。

先生篤於倫理，制行方嚴，造次必遵禮法。自以脱纍囚而登朝列，忠悃圖報，於國計民生大端，竭誠獻替，不恤出位之咎。如邊務河工，所持議皆切中利害，世稱讜言。嘗論爲學宗旨曰：「制行繼程、朱之後，文章在韓、歐之間。」衛道尤力，遇同時學人攻程、朱者，反覆剖辨，必伸其説而後已。於諸經尤深於三禮、春秋。通志堂輯刊宋、元人經説，凡三度芟薙，取其粹言而會通之。御纂三禮義疏，特命總其事，發凡起例，皆出手定。自著之書，周官集注十二卷、周官析疑四十卷、周官辨一卷、儀禮析疑十七卷、禮記析疑四十六卷、喪禮或問一卷、春秋通論四卷、春秋直解十二卷、春秋比事目録四卷、詩義補正八卷、左傳義法舉要、删定管子荀子、離騷正義、史記注補正各一卷。文集初爲門人王兆符、程崟編刊，後同邑戴鈞衡重編，正集十八卷、外集十卷、補遺二卷，行於世。删定通志堂宋元經解，未刊行，未見傳本。子道章，雍正壬子舉人，有學行。

參年譜、全祖望撰神道碑、馬其昶撰桐城耆舊傳。

文目編年

康熙辛未年二十四：讀孟子、書潘允慎家傳後

壬申：高素侯先生四十壽序、送母舅吴平一之鉅鹿後序、康烈女傳

癸酉：與王昆繩書

甲戌：與劉言潔書、寧晋公詩序

乙亥：與徐貽孫書、二貞婦傳

丙子：聖主親征漠北頌、北征頌二首代、讀周官、與謝雲墅書、與萬季野先生書、祭徐幼安文

丁丑：陳馭虚墓誌

年二十至三十：書太史公自序後二首、書韓退之學生代齋郎議後二首、書祭裴太常文後、記時文稿行不由徑三句義後、與韓慕廬學士書、送馮文子序、高節婦傳、七夕賦

戊寅年三十一：文昌孝經序代、築子嬰堤記、與閻百詩書

己卯：書時文稿歲寒章四義後、贈魏方甸序、明兵部郎中劉公墓誌、徐貽孫哀詞

庚辰：高素侯先生墓誌

辛巳：與韓慕廬先生書

壬午：與喬紫淵書、喬紫淵詩序、兄百川墓誌、弟椒塗墓誌

癸未：劉篤甫墓誌、全椒縣教諭寧君墓誌、祭張母吴夫人文

甲申：吴宥函文稿序

丙戌：與熊藝成書、書高素侯先生手札後、杜茶村先生墓碣、亡妻蔡氏哀詞

丁亥：與吴東巖書、傳信録序、教授胡君墓誌

年三十至四十：書淮陰侯列傳後、跋石齋黄公手札、記百川先生遺言、記吴紹先求弟事、刻百川先生遺文書後、附刻弟椒塗遺文書後、答劉拙修書、與龔孝水書、與賀生嵂禾書、與劉函三書、與章泰占書、周公論、方正學論、朱字緑文稿序、張彜歎稿序、劉巽五文稿序、溧陽會業初編序、佘西麓文稿序、送劉函三序、張母吴孺人七十壽序

戊子年四十一：左仁傳、劉北固哀詞

庚寅：灌嬰論、鮑氏女球壙銘

辛卯：與劉大山書、何景桓遺文序、朱字緑墓表

壬辰：獄中雜記、大理卿高公墓碣

癸巳：湖南洞苗歸化碑文失、黄鐘爲萬事根本論失、時和年豐慶祝賦失、結感録、與白玟玉

書、禮記析疑序、周官辨序、絃歌臺記、泉井鄉祭田記、王大來墓誌、許昌禎妻吳氏墓誌、宣左人哀詞、阮以南哀詞

甲午：記夢、長寧縣令劉君墓誌、封内閣中書張君墓誌

乙未：書羅音代奏佟氏守貞事、與孫以寧書、與安溪李相國書、與陳滄州書、孫徵君年譜序、送吳東巖序、孫徵君傳、顧飲和墓誌、兵部尚書范公墓表、婢音哀詞、先母行略

丙申：春秋通論序、將園記、内閣學士張公夫人成氏墓表、僕王興哀詞

丁酉：春秋直解序、春秋直解後序、蔣詹事牡丹詩序、胡母潘夫人七十壽序、四君子傳、劉紫函墓誌、龔君墓誌、佘君墓誌、葛君墓誌、内閣中書劉君墓表、完顏保及妻官爾佳氏墓表、武季子哀詞、王瑶峰哀詞

年四十至五十：左忠毅公逸事、記長洲韓宗伯逸事、轅馬説、記太守滄州陳公罷官事、與徐蝶園書、與劉古塘書、與翁止園書、與劉紫函書、伍芝軒文稿序、儲禮執時文序、徐司空詩集序、蔣母七十壽序、修復雙峰書院記、彭訒庵墓誌、廣東副都統陳公墓誌、同知紹興府事吳公墓表、杜蒼略先生墓誌銘、武商平墓表、禮部尚書韓公墓表、祭白侯文、祭顧書宣先生文、祭張文端公文、余石民哀詞

年三十至五十：讀古文尚書、讀儀禮、書删定荀子後、讀管子、讀史記八書、書禮書序後、書

樂書序後、詁律書一則、書封禪書後、書史記十表後、書史記六國世表序後、書孟子荀卿傳後、讀伍子胥傳、書儒林傳後、書刺客傳後、書陳氏集説補正後、書柳文後、書邵子觀物篇後、書朱注楚詞後、書歸震川文集後、原人二首、原過、先天後天圖説、釋言、高陽孫文正逸事、石齋黄公逸事、書曹太學傳後、書王氏三烈女傳後、書萬烈婦某氏事、吕九儀妻夏氏、與安徽李方伯書、再與劉拙修書、答喬介夫書、與程若韓書、與某書、漢高帝論、漢文帝論、蜀漢後主論、宋武帝論、于忠肅論、明御史黄公文集序、考槃集序、楊千木文稿序、巖鎮曹氏女婦貞烈傳序、王彦孝妻金氏墓碣、祭某公文、祭彭夫人文

戊戌年五十一：記姜西溟遺言、逆旅小子、送徐亮直册封琉球序、送王篛林南歸序、游豐臺記、游潭柘記、謝母王孺人墓誌、萬季野墓表、劉烈婦唐氏墓表、張彝歎哀詞

己亥：安溪李相國逸事、記張彝歎夢忠武事、書先君子家傳後、書公祭先母文後、四月示道希兄弟、送左未生南歸序、汪孺人六十壽序、李友楷墓誌、潘函三墓誌、巡撫福建黄公墓誌、沈氏姑生壙銘、吏部侍郎姜公墓表、駙馬孫公哀詞

庚子：周官集注序、左未生墓誌、季瑞辰墓表、祭左未生文

辛丑：萬年寶曆頌、明禹州兵備道李公城守死事狀、與李剛主書、周官析疑序、送黄玉圃巡按臺灣序、白玟玉墓誌、王孺人墓誌、李伯子哀詞

壬寅：翰林院掌院學士兼禮部侍郎湯公墓誌、羅烈婦李氏墓表

雍正癸卯：聖主躬耕耤田頌、聖主親詣太學頌、兩朝聖恩恭紀、王生墓誌、贈通奉大夫刑部侍郎黄公墓表、祭滄州陳公文、兄孫仁壙銘

甲辰：示道希兄弟、再至浮山記、蒼溪鎮重修三元觀記、封氏園觀古松記、刑部郎中張君墓誌、朱履安墓表、大父馬溪府君墓誌、台拱岡墓碣

乙巳：聖訓恭記、表微、別建曾子祠堂記、贈淑人尤氏墓表、鮑氏姊哀詞

丙午：左華露遺文序、劉古塘墓誌、顧友訓墓誌、陳依宣墓誌、沈孝子墓誌、韓城張公繼室王夫人墓誌、王處士墓表、舒子展哀詞

丁未：陸以言墓誌、張樸村墓誌、廣文陳君墓誌、族子根穎壙銘、李世得墓表、劉中翰孺人周氏墓表、曾孺人楊氏墓表

年五十至六十：江南閩廣積貯議、書老子傳後、通蔽、書孝婦魏氏詩後、湯司空逸事、記所聞司寇韓城張公事、與呂宗華書、與徐司空蝶園書二首、答某公書、與李覺庵書、學案序、重訂禮記纂言序、送佘西麓序、贈潘幼石序、贈淳安方文輈序、贈李立侯序、李母馬孺人八十壽序、李剛主墓誌、鄭友白墓誌、胡右鄰墓誌、梅徵君墓表、黄際飛墓表、祭王昆繩文

戊申年六十一：金陵會館記、釋蘭谷傳、工科給事中暢公墓表、趙處士墓表、中憲鄂公夫人撤

克達氏墓表、鮑氏妹哀詞、嫂張氏墓誌

己酉：記王巽功周公居東説、四月又示道希、送李雨蒼序、光禄卿吕公宜人王氏墓誌

庚戌：喜雨説、青要集序、隱拙齋詩集序、送鍾勵暇寧親宿遷序、沈編修墓誌

辛亥：與常熟蔣相國論征澤望事宜書、廣州府張君墓誌、兄子道希婦岳氏誌

壬子：爲秦門高貞女糾舉本引、與鄂張兩相國論制馭西邊書、七月示道希書、贈宋西玨序、李抑亭墓誌、工部尚書熊公繼室李淑人墓誌、汪武曹墓表、宋山言墓表、雷氏先墓表

癸丑：與一統志館諸翰林書、古文約選序並凡例代、翰林院檢討竇君墓表

甲寅：禮部侍郎蔡公墓誌

乙卯：喪禮議、請定徵收地丁銀兩之期劄子、請定常平倉穀糶糴之法劄子、請復河南漕運舊制劄子、東昌鄧嶧亭墓表

乾隆丙辰：請備荒政兼修地治劄子、擬定纂修三禮條例劄子、請定經制劄子、删定管子荀子序、再送余西麓序、高烈婦傳、禮部尚書楊公墓誌、翰林院編修查君墓誌、高登善妻方氏墓誌、刁贈君墓表、秦仲高墓表、謝孺人葉氏墓表

丁巳：謝授禮部侍郎劄子、請矯除積習興起人才劄子、請定庶吉士館課及散館則例劄子、論九卿會議事宜劄子、請定孔氏家廟祀典劄子、請以湯斌從祀孔廟及熊賜履郭琇入賢良祠劄

子、辭禮部侍郎劄子、叙交、寄言、送韓祖昭南歸序、良鄉縣岡窪村新建通濟橋碑記、楊千木墓誌、少司農吕公繼室王夫人墓誌、田間先生墓表

年六十至七十：請禁燒酒事宜劄子、請除官給米商印照劄子、請禁燒酒種煙第三劄子、論山西災荒劄子、論考試翰林劄子、修祖陵廟寢議、塞外屯田議、渾河改歸故道議、臺灣建城議、貴州苗疆議、黄淮議、記徐司空逸事、與孫司寇書、王巽功詩説序、李穆堂文集序、送張又渠守揚州序、送官庶常覲省序、沛天上人傳、光禄卿吕公墓誌、弟屋源墓誌、刑部左侍郎王公墓表、吴處士妻傅氏墓表

年五十至七十：謚法、湯潛庵先生逸事、書熊氏家傳後、記李默齋實行、書直隸新安張烈婦荆氏行實後、答申謙居書、答程起生書、與陳密旃書、與某公書、畿輔名宦志序、仁和湯氏義田記、孫積生傳、謝季方傳、理藩員外郎贈資政大夫席公神道碑、高仲芝墓表、余處士墓表

戊午年七十一：聖主躬耕耤田頌、聖主臨雍禮成頌、禮部侍郎魏公墓誌

己未：論重刻十三經廿一史事宜劄子、進四書文選表并凡例、鷹青山人詩序、送雷惕廬歸閩序

庚申：知寧國府事黄君墓誌

辛酉：書楊維斗先生傳後、書高密單生追述考妣遺事後、潮州知府張君墓表、吴宥函墓表、

兄子道希墓誌、七思

壬戌：論明史無任丘李少師傳、湯文正公年譜序、贈孺人鄒氏墓誌、大理卿熊公墓誌、陳西臺墓表、方曰崑妻李氏墓表

癸亥：余東木時文序、題天姥寺壁、游雁蕩記、記尋大龍湫瀑布、趙孺人翟氏墓誌、陳太夫人王氏墓表、林母鄭孺人墓表

甲子：題黄玉圃夢歸圖、書烈婦東鄂氏事略後、答尹元孚書、熊偕呂遺文序、贈石仲子序、尹太夫人李氏墓誌、兵部主事龔君墓碣

乙丑：安徽布政使李公墓誌、兵部尚書法公墓表、都察院副都御史巡撫貴州劉公墓表

丙寅：重修清涼寺記、莊復齋墓誌、程贈君墓誌、少詹事查公墓表

丁卯：重建陽明祠堂記、重建潤州鶴林寺記、江南布政使陳公墓誌

戊辰年八十一：楊黄在時文序、赫氏祭田記、尹元孚墓誌、與黄玉圃同祭尹少宰文

年七十一至八十二：書孫文正傳後、書盧象晉傳後、答問、與顧用方論治渾河事宜書、與鄂少保論修三禮書、與鄂少保論喪服注疏之誤書、與鄂西林少保論治河書、與西林相國論薦賢書、與來學圃書、答程夔州書、答禮館諸君子書、答禮館纂修書、與顧震滄書、教忠祠規并序、柏村吴氏重建宗祠記、白雲先生傳、二山人傳、金陵近支二節婦傳、廬江宋氏二貞婦傳、光節婦傳、少京

兆余公墓誌、禮部尚書陳公神道碑、贈右副都御史趙公神道碑、武强縣令官君墓表、和風翔哀詞

年歲未詳文目多在五十以後：多福硯銘、讀大誥、讀尚書記二首、讀君牙冏命吕刑文侯之命費誓秦誓、讀二南、讀行露、讀邶鄘至曹檜十一國風、讀邶鄘魏檜四國風、讀王風、讀齊風、書周頌清廟詩後二首、周官辨僞二首、書考定儀禮喪服後、辨明堂位、書考定文王世子後三則、文王十三生伯邑考辨、成王立在襁褓之中辨、讀經解、書周官大司馬四時田法後、書辨正周官戴記尚書後、書蕭相國世家後、書貨殖傳二首、書漢書禮樂志後、書漢書霍光傳後、書王莽傳後、書五代史安重誨傳後、書韓退之平淮西碑後、書柳子厚辨亢桑子後、書李習之平賦書後、書李習之盧坦傳後、異姓爲後、書涇陽王僉事家傳後、記開海口始末、自訟、西鄰愍烈女、跋先君子遺詩、題舒文節探梅圖説、檄濟寧諸生會課代、移山東州縣徵群士課藝文代、禮闈示貢士代、擬除泰安州香税制代、答楊星亭書、與吴見山書、贈介庵上人序、鹿忠節公祠堂記、三山林湛傳、胡蘅洲像贊、浮屠髫珠小像贊、象尺銘、硯銘二首、澄泥硯銘

著録

重修安徽通志所見方苞著作名録

何紹基

詩義補正八卷

周官集注十二卷

周官析疑三十六卷

考工記析義四卷

周官辨一卷

儀禮析疑十七卷

禮記析疑四十六卷

喪禮或問一卷

春秋通論四卷

春秋比事目録四卷

春秋直解十二卷
左傳義法舉要一卷
删定通志堂經解
史記注補正
方望溪奏議六卷
删定荀子
删定管子
離騷正義
望溪文集十八卷、集外文十卷、補遺四卷

重修安徽通志卷三百三十六至三百四十四

八千卷樓書目所見方苞著作名録

丁　仁

周官集注十二卷，國朝方苞撰全集本

周官析疑三十六卷、考工記析疑四卷，國朝方苞撰刊本
周官辨一卷，國朝方苞撰刊本
儀禮析疑十七卷，國朝方苞撰全集本刊本
喪禮或問二卷，國朝方苞撰刊本
禮記析疑四十八卷，國朝方苞撰全集本
春秋通論四卷，國朝方苞撰全集本
春秋直解十二卷，國朝方苞撰刊本
春秋義法舉要一卷，國朝方苞撰刊本
史記補注一卷，國朝方苞撰刊本廣雅局本
方望溪奏疏一卷，國朝方苞撰刊本
删定荀子一卷，國朝方苞撰刊本
删定管子一卷，國朝方苞編刊本
離騷正義一卷，國朝方苞撰刊本
望溪集八卷，國朝方苞撰合集本

望溪集十卷，國朝戴鈞衡編刊本

欽定四書文四十一卷，乾隆元年方苞奉敕編殿刊本

丁仁八千卷樓書目卷二至十九

圖書在版編目(CIP)數據

方苞全集:全13册/(清)方苞撰;彭林,嚴佐之主編. —上海:
復旦大學出版社, 2018.9
ISBN 978-7-309-13392-9

Ⅰ. 方… Ⅱ. ①方…②彭…③嚴… Ⅲ. 方苞(1668-1749)-全集
Ⅳ. Z424.9

中國版本圖書館 CIP 數據核字(2017)第 287432 號

責任編輯 張旭輝 杜怡順
裝幀設計 馬曉霞

方苞全集
(清)方 苞 撰
彭 林 嚴佐之 主編

復旦大學出版社有限公司出版發行
上海市國權路 579 號 郵編: 200433
網址: fupnet@ fudanpress. com
http://www. fudanpress. com
門市零售: 86-21-65642857
團體訂購: 86-21-65118853
外埠郵購: 86-21-65109143

上海盛通時代印刷有限公司

開本 890×1240 1/32 印張 227.5 字數 4150 千
2018 年 9 月第 1 版第 1 次印刷

ISBN 978-7-309-13392-9
Z·78 定價: 1580.00 元

合濬若背手文。

弓表裏濬合處，若人合手背，文相應。或曰，用濬合法，則文理如人手背，言其細而均也。

角環濬，牛筋蕡濬，麋筋斥蠖濬。

角滑易，故漆文如環。筋用牛，則漆文如麻；用麋，則如斥蠖。

和弓轂摩。

和，猶調也。轂，拂也。弓久不用，恐其性辟戾，故將用必先調之，拂摩所以調也。大射禮，小射正授弓，「大射正以袂順左右隈，上再下一」。

覆之而角至，謂之句弓。覆之而幹至，謂之侯弓。覆之而筋至，謂之深弓。

覆，猶察也。至，猶善也。弓有六材，獨言角、幹、筋者，弓以角、幹、筋爲主，膠、漆、絲則爲之輔而已。故秋合三材則謂之獻成，而良苦可試也。三者皆善爲上，二善爲次，一善爲下。不言王弧，王弧必六材皆善故也